大学语文
教学与文学素养培育

张 敏◎著

时代文艺出版社

图书在版编目（CIP）数据

大学语文教学与文学素养培育 / 张敏著. -- 长春：
时代文艺出版社, 2023.12
ISBN 978-7-5387-7416-0

Ⅰ.①大… Ⅱ.①张… Ⅲ.①大学语文课—教学研究
Ⅳ.①H193

中国国家版本馆 CIP 数据核字(2024)第 015736 号

大学语文教学与文学素养培育

DAXUE YUWEN JIAOXUE YU WENXUE SUYANG PEIYU

张　敏　著

出 品 人：吴　刚
责任编辑：卢宏博
装帧设计：钱金华
排版制作：钱金华

出版发行：时代文艺出版社
地　　址：长春市福祉大路 5788 号　龙腾国际大厦 A 座 15 层（130118）
电　　话：0431-81629751（总编办）　　0431-81629755（发行部）
网　　址：weibo.com/tlapress（官方微博）
开　　本：787mm×1092mm　1/16
字　　数：186 千字
印　　张：11
印　　刷：廊坊市海涛印刷有限公司
版　　次：2023 年 12 月第 1 版
印　　次：2023 年 12 月第 1 次印刷
定　　价：76.00 元

作者简介
AUTHOR INTRODUCTION

　　张敏,1980年10月出生,女,汉族,山西忻州人,研究生学历,研究方向是中国语言文学。2002年7月毕业于太原师范学院汉语言文学专业,2010年6月获山西大学中国古代文学专业文学硕士学位,现任职于太原幼儿师范高等专科学校。

前 言
PREFACE

2006年，中华人民共和国教育部高等教育司在《大学语文教学大纲（征求意见稿）》中指出，"在全日制高校设置大学语文课程，其根本目的在于：充分发挥语文学科的人文性和基础性特点，适应当代人文科学与自然科学日益交叉渗透的发展趋势，为我国的社会主义现代化建设培养具有全面素质的高质量人才"。大学语文教学的一个主要使命就是培养学生的文学素养和人文情怀，让学生通过品读文学作品，感悟生活，思考人生，感受文学作品的魅力，激发阅读兴趣，逐渐培养良好的文学素养和温暖人心的人文关怀。

从20世纪90年代以来，受市场化潮流的影响，文学创作的快餐化、粗鄙化、新闻化成为无法忽略的现象，追求速效的速成作品多了起来，文学性淡化是这类作品的通病。这种现象造成了许多负面影响，尤其使得当代大学生对文学的认知程度愈发浅薄。另外，随着高等教育专业化倾向日益明显，大学语文的地位日益边缘化，部分高校越来越不重视对大学生文学素养的培养。文学素养对个人价值观的形成、精神境界的提高非常重要，高等教育阶段是大学生接触多元文化、开拓视野的重要时期，大学语文尤为注重对学生文学素养的塑造，通过这门课程，学生不但能够增长知识，提升才干，获得品德的修养，而且还能够增强自信心。

大学语文作为高校的公共基础课程，教学应重在提升学生语言运用能力与水平，提升学生文学素养。基于此，本书对大学语文教学与文学素养培育进行了研究，介绍了大学语文的性质、特点、任务、主要功能、教学目标、理论基础以及文学、文学素养的相关概念和知识，对大学语文教学现状、大学生特点和文学素养现状进行了分析；探究了大学语文教学与文学素养培育的关系、意义以及文学素养在大学语文教学中的应用现状；从大学语文教学方式、大学生的文学兴趣、阅读教学、写作教学以及大学语文教学实践活动等方面探索了大学语文教学与文学素养培育融合发展的路径，并对大学语文教学建设的未来发展进行了研究。

目　录
CONTENTS

第一章 大学语文与大学语文教学概述

第一节 大学语文的性质、特点与任务

一、大学语文的性质

语文是"语言""文字"与"文章"的统一，是人们交流思想，传递信息，获取知识技能不可或缺的手段。大学语文是一门以提升大学生的文学素养和文化素质、涵养大学生的人文精神和培育大学生的健全人格为主旨的通识课程，工具性、人文性和综合性是它的本质属性。

（一）工具性

工具性是大学语文的基本特征，大学语文工具性体现的是其实用性，真正在适应人文科学与自然科学交叉渗透的母语综合应用能力，包括口语表达、书面表达、分析、理解、运用等多种语言能力[①]。在进行大学语文教学时，教材发挥着较为重要的作用。教师按照课程要求设计教学内容，使教学具有一定的科学性，从而使大学语文课程体现出工具性的特点。由于语文具有较强的实践性，在生活、学习中被广泛应用，并且还具有向其他科目渗透的趋势，因此，获取知识、养成良好的学习习惯是开展大学语文教学工作的主要目的。例如，学生学习过诗歌部分的内容之后，就能够了解对仗、押韵等诗歌特点，并能够在写作时应用这样的诗句，进一步提高语文应用能力。另外，良好的语文习惯是通过大量练习得来的，练习时主要依托的是语文教材，所以，语文教材便为大学语文教学工作提供其重要依据。

语文教材具有德育能力，学生在学习中能够形成良好的人生观、价值观和世界观，并对人格品质的形成有一定的影响。由于教材内容中具有爱

---

①胡达仁，肖丙珍. 文化自信视阈下大学语文语用素养的提升[J]. 文学教育（上），2022（10）：106-108.

国主义色彩,学生学习这一类文章能够形成爱国情怀,例如《苏武传》《祖国,我亲爱的祖国》等文章,其能够发挥出工具性的作用,激发学生的爱国感情,感受中华文化。另外,大学语文中不少文章蕴含丰富的哲理,学生在学习中能够了解为人处世的方式,并能够发挥教材的人生指导意义,提高教学的有效性。

语言作为交流的工具,其内容具有大量的信息和知识,大学语文作为一门语言类课程,能够潜移默化地影响学生的文学能力,使学生能够在提高文学能力的同时,启迪思想智慧。在教学的过程中,传统文化的弘扬和人文精神的塑造也是通过大学语文的工具性而实现的。例如,教师在带领学生进行写作练习时,学生会用文字将自己的真情实感表达出来,鉴别假丑恶,弘扬真善美,使学生的语文综合能力得到进一步提高。

大学语文教材中的内容十分丰富,怎样才能转化为学生的能力,还需要教师在教学中对课程内容进行合理分析整理,为不同需求者提供思想文化与语言技巧的丰富内涵与取向标准。但能否顺利实现工具性所体现出的文化与技巧功能,还取决于学生本身的兴趣爱好与教师实施的方式方法。由于大学生的语文综合能力参差不齐,传统的教学方法会按照大部分学生的学习能力进行教学,导致部分学生语文成绩得不到提高,甚至失去了学习兴趣。为了合理利用语文教材,教师需要先了解学生的语文综合实力,并使用适当的方法进行教学,引导学生进一步了解语文课程,使学生逐渐树立正确的审美意识。另外,在教学的过程中,教师会对优秀作品进行重点讲解,使学生能够潜移默化地提高语文综合素养,教师在教学中有针对性地对学生进行指导,能够帮助学生感受大学语文中的美,使之形成健康的心灵,掌握生动形象的语言表达技巧,从而发挥出大学语文课程的工具性作用。同时,教师在授课时,还需要先了解教材的整体结构,并根据教学需求设计教学内容,保障教学工作能够满足不同学生的发展需求。但由于部分教师对这一工作的重视程度不够,没有丰富教学内容,导致大学语文教材没有发挥出工具性的作用,为了改善这一现状,需要提高教师的教学水平与重视程度,并根据学生的兴趣爱好、学习情况合理设计教案,使语文教学工作达到培养全面人才的作用。

(二)人文性

人文性能够体现出人类文化精神,是文化精神和价值理想的统一。人文精神是以积极的价值信仰确定生命的意义,以正确的伦理观念培育人际关系,以崇高的理性精神探索存在的规律,以自觉的公民意识参与社会事务,以坚定的文化自信传承民族传统,以高尚的审美理想创造美的世界。人文性的内涵是将真善美作为核心价值追求,推动人类文明进程发展。大部分大学语文教材在编写时将汉语言文学的发展历史、民族文化等内容融入其中,使语文具有特定的人文性,学生在学习时,能够感受到文章内容中的文化内涵,促进学生形成健全的人格品质,达到大学语文教学的目的。另外,大学语文课程内容中包括大量的历史、文化、哲学等文章,学生在学习时能够感受到中华文化的博大精深,能够满足学生的学习需求,进一步提高其语文综合能力。由于学习大学语文教材的教学对象为非中文专业的学生,部分学生对语文课程的兴趣不高,为了达到教学的目标,需要教师以提高学生整体文学素养为教学目的,对学生进行诱导教学,带领学生从多角度对优秀作品进行分析,使其能够感受文学作品的魅力,并得到感悟和熏陶。例如:在设计语文教学课程时,教师可以将文本中的人文特性进行分类,如仁爱、乡愁、自然等,通过这样的方法进行分类,学生能够同时学习到不同类型的作品,并激发学生内心的情感,强化学生对主题的认知。

语文教育是指导学生学习中华文化的主要活动,语文教材在编写时为了达到素质培养的要求,按照文体结构形式进行分类,例如:徐中玉版通用教材分为十二个单元,学生在学习这一教材内容时,能够快速了解不同单元的结构模式、主体内容,使单元主题结构具有人文性特点,进一步提高学习效率;夏中义版的教材以人文性为主线,将课程内容分为十六个单元,为每个单元设计一个主题,并在文章之后增加相关链接,达到丰富学生语文综合能力的目的,达到培养人文素养的目的。另外,部分教材在编写时按照文学结构进行编写分类,如:彭光芒版的教材按照发展顺序进行分类,使学生在学习时能够进一步了解文史知识,由于这一形式的教材较为系统,并具有人文性,能够帮助学生了解不同时期语文的发展情况,进一步提高语文教学效率。学生在进行学习时不仅能够提高其写作、表达能力,还能够通过文学作品提升民族认同感,使其了解中华文化中的人文性。

汉语作为重要的思维工具,具有五千年的历史文化,是中华儿女的根。大学教育对个人的思维发展有一定的影响,由于大学语文教材中具有人文性的特点,能够承载其他教育意义,但由于部分教师对引导学生学习民族文化的重视程度不高,导致语文教学降低了有效性。为了改善这一现状,需要教师提高重视程度,并按照教材内容、设计方式进行教学引导,进一步提高学生的民族感,使学生成长为具有民族根的人,达到开展大学语文教育的目的。另外,由于大学语文教材在编排时按照不同类型进行整理,能够提高学生的语文综合能力。但部分学生在学习一段时间后,会产生枯燥感,为了改善这一现状,提高语文教学的有效性,需要在教学时按教材结构合理设计课程,提高学生的学习兴趣,发挥出大学语文中人文性的特点。

(三)综合性

学生在大学阶段主动进行语文课程知识的学习,并成为学习的主导者与实施者,知识面不断拓展,综合素养不断提升,这一过程能够体现出大学语文的综合性。语文学科中的内容多样化的特点,使学习这一内容能够达到文化传承的目的,升华学生的精神文化。大学语文学科具有教育职能,教材内容包括文化、文学、哲学、历史、宗教等综合性内容,从文学的角度对大学语文教材进行分析,能够发现其中存在大量经典文学作品,使教材内容呈现出传统文化精髓。由于中国古代的道家、儒家思想对文学有一定的影响,部分经典作品能够体现出儒家思想,进而学生在学习时,能够感受到天人合一,发挥出大学语文教材的综合性特点。另外,由于传统思想文化在今天依然具有较为重要的意义,进而在大学阶段学习语文时,能使学生接受到传统文化的熏陶感染,提升自身语文综合能力。加之教师合理使用语文教材内容,结合历史文化的拓展引领,更能体现出大学语文综合性优势。例如:在设计《乡愁》这一课程时,为了激发学生的学习兴趣,教师需要在课程中融入政治、历史、地理等方面的知识,使课程具有拓展学生思维的意义。

由于中华传统文化将人生境界与审美境界联系起来,文学作品能够传达出这一内容,大学生在进行语文学习时,能够感受到作品的魅力,发挥出作品的优势。教师在进行课程内容讲解时,将文学作品内容含义延伸到社会生活中,达到精神文化传承的目的,发挥出语文教材综合性的意义。此外,教师在进行教学时,为了使学生进一步了解文本含义,会在讲解时引入实例,并创建相关的文学情景,提高学生的民族情感,帮助学生树立正确的人生态度,提高教学的有效性。大学语文课程具有不同的特点,并且语文教育的目的是育人,进而在进行教学设计时,需要对课程内容特点进行统一,并使用适当的方式进行教学,发挥出语文课程综合性优势。

　　语文是一门综合性较强的学科,良好的文本分析能力能够提高其他课程的学习效率,直接影响其他课程的学习质量。人们生活、工作中都需要应用语文,大学生虽然在先前学习阶段接受了十二年的语文教育,但为了推动学生进一步发展,为今后的工作奠定良好的基础,需要在大学阶段继续学习语文。例如历史中具有重大成就的科学家,不仅专业领域较优秀,还具有较强的文学鉴赏能力与良好的文字表达能力,保障其能够应用合适的言语表达研究成果,从而体现出语文的综合性和重要性。另外,学生在进入社会工作时,需要用语言陈述自身观点,表达自己的不同见解,可以说学习、工作、生活方方面面语文知识无处不在,缺一不可。一个能说会写的人无论在哪个行列都会受到重用,考察一个人的综合素质少不了必要的语文知识。部分教师在教学的过程中,为了提高学生的语文综合能力,在教学时将教学内容进行完善,并将其他知识内容与教材进行融合,进一步提高教学质量,体现出大学语文综合性特点。

二、大学语文的特点

(一)知识结构的整体性

　　大学语文课程之间的教学要点、内容等部分存在一定的联系,并形成相对独立的体系,包含了大量的语言、文学、哲学、历史、宗教、道德等知识,这一具有系统性的教材就是大学语文教材。应用这一课程设计教案、课时,能够将总体学习目标与阶段性目标联系起来,从而体现出大学语文的整体性特征。虽然大学语文教材具有不同版本,并且编者不同,教材结构划分、重点内容设计存在差异,但其知识结构整体性的特点是无法或缺的。例如:王步高版本的教材在编写时,按照文学史结构进行编写,版本中的小说部分,将文本按照时代进行划分,学生在学习时能够了解不同时段文学的发展情况、写作风格,进一步提高了学习的有效性。而且,学生在学习之后自主学习小说类型的文章时,就能够自主分析文本写作风格、写作特点等内容,提高语文鉴赏能力。另外,大学语文教材为了体现知识结构整体性的特点,在对单元进行分类时,不同单元所体现的重点内容是不同的,教师在设计教学内容时,为了体现出知识结构整体性的特点,需要根据重点部分设计教学计划,学生在自主学习时,也能够重点学习重要内容,发挥出大学语文整体性的优势。但部分教材在设计时,没有将各个类型的文本综合整理,这是有待完善的地方。

大学阶段的语文教学时间较为灵活,可以贯穿整个大学课程体系中,虽然学生具有一定的语文学习基础,但大部分学生对语文综合知识了解不深,提升不够,为了提高教学的有效性,使教材知识结构具有整体性,大部分教材编写人员将课程内容按照结构类型进行分类,教师能够有针对性地进行课程讲解。例如:在学习散文时,教师会根据教材知识结构引导学生总结散文的特点、写作手法等内容,并引导学生自主创作,达到提高学生写作能力的目的,推动语文教学工作进一步发展,达到提高学生综合能力的目的。虽然运用这样的方法进行教学能够提高教学整体性,但部分教材中缺乏主题,课文之间的联系不强,教师在进行教学工作时,需要浪费较长时间整理教学内容,降低了备课效率,因此,教材的改进仍需加大力度以实现知识结构的科学性。

高校学生在学习大学语文内容时,由于大多数学生为非文学专业学生,语文综合能力不高,甚至存在语文知识短缺的现象,在按照知识结构进行教学时,为了提高教学有效性,发挥出知识结构的优势,教师需要在教学之前对这一部分整体结构进行分析,并为课程设定主题,使学生在教学中能够了解教学重点内容,进一步提高教学有效性。另外,由于部分学生对于古代文言文的学习兴趣不高,如果教材按照文学类型进行分类,会出现一段时间学生学习兴趣不高的问题。为了既避免这一问题发生,又使知识结构具有整体性,需要在课程结构设计时,将文章类型进行穿插,使一单元中既具有古代文又有现代文,调动学生的学习积极性,进一步提高教学有效性。在针对不同专业开设大学语文教学时,需要提高知识结构的整体性,并明确结构类型,根据学生的喜好进行设计,通过这样的方法设计教学内容,能够使学生转变对语文课程的态度,提高语文课程学习积极性,促进大学语文教学工作进一步发展。

大学语文课程教学的主要目的为培养学生的创造性思维,在教学时,教师会引导学生积极思考,并鼓励学生提高学习积极性,提高教学有效性。在教学过程中,教师可以设计开放性答案的问题,并引导学生进行整理,进一步提高教学的有效性,促进学生思维能力发展。

（二）文选内容的经典性

大学语文的课程性质和学科定位，是大学语文课开设以来一直讨论的中心话题。与中学语文的区别，在高校学科系统中的地位，学生知识构成中的作用等，成为准确把握大学语文教学所要解决的前提。大学语文选文中具有的工具说、文学说、美育说、文化说、人文说、思想教育作用等功能，能够达到情感陶冶的目的，并发挥出选文的经典性。开设大学语文教育的主要目的为提高大学生的文化素质，在其中融入大量经典选文，不仅能够满足时代发展的需求，还能够体现出时代价值与社会意义，通过这一阶段的教育，大学生能够熟悉和掌握传统经典，达到素质教育的目标。并且大学阶段语文教学内容较为重要，能够推动学生进一步提高自身综合能力，但部分大学目前使用的教材为通用本，由于使用时间过长，其中内容大都为古代文学作品，虽然这些内容较为经典，但由于部分学生对语文学习兴致不高，教材内容难以满足学生个体学习需求，导致课堂与学生之间存在一定的距离感，降低了学生的学习兴趣。学生在学习中对小说类的作品较为感兴趣，为了提高教学的有效性，需要教师引入经典作品的同时，融入现代优秀作品。例如：近期《一只特立独行的猪》较为受欢迎，并且其内容能够满足教学需求，为了使教学内容保持与时俱进的状态，并提高教学有效性，可以将这一作品融入教学课程中，使教学增加趣味性，并提高教学效率。目前使用的大学语文教材中，陈洪本版教材中的古代文学比重较小，但其古文内容较为经典，能够满足学生的学习需求，进而不需要再增加这一类型的文本内容。中文专业学习的教材在设计时，侧重于语言基础内容，包含大量较为冷门的知识，具有较强的专业性。

在教学改革不断推进的背景下，大学语文教学为了能够进一步发展，在选择教材时对选文内容进行了分类整理，并按照学生的喜好选择教学内容。例如：在对具有时代感的内容进行整理时，需要先将内容按照经典性进行分类，并将国内外优秀的文学作品融入其中，提高大学语文教材的有效性，为教学工作提供依据。在整理教学内容时，教师可以先将教学内容进行分类，并更换部分文选内容。教材部分内容虽然具有经典性，但由于难度较高，无法为学生进行系统的知识讲解，为了改善这一现状，需要优化教学内容。例如：陈洪本版的大学语文教材内容分配较为合理，并且其中存在较多经典文学，如《秦腔》《语言的功能障碍》等，这些既具有优秀文化传承性又能提高学生模仿能力的优秀选文就具有较强的感染力,进而在教学时能够提高教学有效性。

由于大学语文教材编写人不同,其编写思路、编写想法存在一定的差异,在其中应用的选文经典性不同,发挥出的有效性也存在差异,例如:徐中玉版的教材内容注重提高学生能力,其中的内容开放性较强,学生能够应用这一教材提高自身语文综合素养;王步高版的教材在编写时添加了脚注,对部分较难的内容进行了整理,能提高学生的阅读效率,并且由于其对语文综合能力较为重视,进而在进行教材编写时,将不同类型、不同结构的文本引入其中,并且选择的文本内容较为经典,学生在教师的指导下,能够了解文本的内涵,进一步提高教学效率,使教材能够满足学生的学习需求。

由于大学生已经接受较长时间的语文教育,并已经形成了一定的文学素养,具备文章分析能力,但大学阶段的语文教育的主要目的是为进一步提高学生综合能力,教材中部分内容难以满足学生的学习需求,为了能够进一步提高教学的有效性,需要教师在授课之前对教材内容进行整理,并删掉部分不够经典的文本,引入能够满足教学需求的文本,提高教学质量。另外,由于部分教师的语文综合能力不强,文学积累不足以丰富教材内容,为了改善这一现状,发挥出语文教材的优势,需要教师共同努力提高自身语文水平,加强教学信息反馈,改进教学方法,提高教学有效性,推动教学工作进一步发展。

(三)人文精神的隐含性

大学教育具有人文素质教育的责任,进行人文教育能够使学生了解到人生的价值与自由意识,我国人文教育在发展中经历了化民成俗、转识成智的过程,并不断丰富人文精神,进而大学语文教学具有培养健全人格的目的。例如:大学语文《八声甘州》这一课程中,虽然高中语文中包含了这一课程,但大学教学中对借事抒情进行了深层次的讲解,表现出了课程中的隐含性。大学语文教材对教学质量有一定的影响,但由于部分教师对课程人文性的重视程度不高,导致课程中存在古文过多、课文含义分析不深刻的问题,导致教学缺乏有效性。为了改善这一现状,发挥出课文人文精神的影响力,需要在备课时了解课文的含义,并设计教学内容。例如:为了达到提高教材整体质量,并提高学生学习兴趣的目的,需要将诗词、散文、戏曲中的人文性进行分析,并进行分类整理,使学生能够在学习中提高语文综合能力,发挥出大学语文课程的有效性。为了提高教材内容的人文精神,需要在设计时引入大量的古代文学作品,提高教材设计的有效性。大学语文课程具有基础性的特点,大学阶段需要学习这一课程的学生为理科生,可能对于中国历史文化了解不足,进而在教学时,存在难以提高学习兴趣的问题。为了改善这一现状,可以在教材中增加科技说明文,将形象思维与抽象思维有机结合,让学生提高对其他领域的了解程度,进一步提高教学的有效性,提高学生的学习兴趣。

大学语文课程能够帮助学生了解社会,为从业后的工作奠定良好的基础,进而在设计课程内容时需要选择贴近生活实际的内容,使教学具有一定的时代感。例如:教师可以在设计教案时,将生活中的人文精神实例与文本联系起来,并按照学生的个性爱好选择篇幅小内容精练的文章,在教学时教师加以引导,使学生感受人文精神中的隐含性,发挥出大学语文教育的意义,提高教学有效性。在网络快速发展的今天,网络作品质量不断提高,学生对其关注度较高,为了提高学生对课堂的关注度,可以在设计教学内容时适当将网络作品融入其中,引导学生分析作品优劣,提高学生对作品人文精神的了解程度,促进学生进一步提高语文综合能力。另外,应用这一方法设计教学内容能够引导学生关注社会生活,并产生一定的感悟,达到大学语文教学的目的。

大学语文教材在编写时存在一定的重复问题,并且部分课程内容与学生的实际学习能力不符,导致教学工作缺乏有效性,例如:部分大学语文教材中包含《锦瑟》《八声甘州》等内容,这些内容学生在高中阶段已经进行了学习。另外,由于部分教师在授课时引用的文章较类似,导致教学工作有效性不高,为了改善这一现状,需要教师日常多收集优秀文章,并在备课时引用较新的文献内容,进一步提高教学有效性,推动教学工作进一步发展。高校在选择语文教材时,需要先对学生的语文实际学习情况进行分析,并选择能够满足学生学习需求的内容,扩大应用范文的范围、类型,将教材中与高中内容相同的文章进行删减,在提高教学效率的同时提高教学有效性,进一步提高教学质量。

(四)表达方式的审美性

大学语文教材将语言文学、文化知识进行整理,包含一定的思想文化内涵,并且大学语文课程为传播知识的载体,其结构本身与人的审美相符合,使学生能够进行情感交流。语言是人类沟通的重要工具,能够将自身的想法进行传达表述,随着中华历史的不断发展,语文课程内容不断完善,无论诗歌、散文、小说、戏曲,无论叙事论理,写景抒情,都不乏美文美句,对大学生健全人格的塑造会起到直接的影响。并且由于大学语文的教学对象为非中文专业的学生,虽然其对教材难度需求不高,但需要更进一步提高自身总体的文学素养,为其他科目的学习理解提供基础。教师在教学的过程中,需要提高引导力度,使学生能够通过学习优秀作品,提高课文审美感悟能力,并得到熏陶感悟,推动大学语文教学工作进一步发展。

语文教育是学习祖国语言的方式,这一行为具有人际交往、文化传承的意义,大学语文教育将中华五千年的历史进行了汇总,学生在学习时,不仅能够提高语言运用能力,还能够了解语言表达的审美能力,并提升民族认同感。每个国家在开展教育工作时,都将本国语言放在重要位置,使学生能够在学习时,进一步提高语言表达的审美能力。但随着我国的国际竞争力不断提高,人们对语文教育的重视程度不断降低,甚至部分大学中的语文科目被边缘化,大学语文作为弘扬中华文化的重要途径,需要得到大众的重视,发挥出大学语文课程审美性的意义。

大学语文教材内容包括诗歌、散文、小说等形式,不同形式的文本语言表达形式存在差异,但学生在课堂中认真学习能够感受到作品中的美。在教学中,由于大学阶段的学生受过语文教育,其理解能力、学习能力较强,在教学时教师只需要应用美的规律对学生进行引导,学生能够对课文表达方式中的美进行分析,获得一定的美的享受,并逐步形成正确的语文审美能力,达到培养全面人才的目的。另外,由于大学开展语文教学的目的之一为培养学生的审美能力,在大学课程教育时,教师需要引导学生把控审美标准,帮助学生形成心灵美、高尚美的分析能力,提高大学教学的有效性。

大学语文课程的主要任务为提高学生的语文综合能力,教材中的内容较为丰富,作品类型较为完善,在教学时教师会丰富写作背景、作者的生平事迹等,进一步提高教学的有效性,应用这一方式进行教学工作,学生能够了解表达方式中的美,并树立正确的审美意识。由于大学具有树立健康品质的教育职能,进而在进行语文教学时,教师需要根据学生的性格特点,构建适当的教学方法,保障教学工作能够使学生形成良好的审美情趣。但由于部分学生对语文课程缺乏兴趣,甚至在课程中学习专业科目,导致其语文综合能力没有得到提升,为了改变这一现状,需要教师在设计教学内容时,在教案中融入美的形象、意境。在教学时教师需要对学生加以引导,使学生能够主动分析课文含义,帮助学生形成良好的审美能力,为学生之后的学习工作奠定良好的语言基础。

在科技不断发展的背景下,为了提高大学生对语文学科的重视程度,需要在教学时引导学生关注社会,思考语文学习的意义,提高对语文学科的重视程度。另外,在进行教学时,为了提高学生的综合能力,需要在教学时巩固其语文知识,并带领学生进行语文知识练习,使学生能够主动感悟语文表达方式,提高学生的综合能力。在进行教学时,为了提高有效性,教师可以将现代科技与语文课程内容相结合,以具有趣味性的方式进行教学活动,进一步提高教学的有效性,达到大学语文教育的目的。

三、大学语文的任务

(一)增强母语感染力

母语是人们思维的载体,能够帮助人们进行知识的认知、问题的分析与归纳、思想的表达与信息的沟通。在大学阶段学习母语能够提高人们语言表达能力,丰富人的内心修养,并且人们的母语水平直接影响其思维能力和创造能力的发展,对其他语言学习也有一定的帮助。大学的母语教育目的为培养高素质语文人才,并且学校在进行语文课程教学时,需要按照教育部门的要求设计教学内容,发挥出语文学科的特点,使高校能够顺应语文教育发展需求。由于中文是我们的母语,虽然学生在进入大学阶段之前,已经学习、应用了较长时间,但大学语文教育的主要目标是提高学生的语文综合素养,进行教学设计时,需要对阅读、欣赏、表达等进行科学设计,进一步提高教学有效性。但部分高校对语文教育的重视程度不高,甚至没有合理安排教学课时,导致教学工作缺乏连贯性,难以达到教学目的。由于语文课程具有一定的整体性,为了能够进一步提高学生的语文综合素养,需要选择合适的教学方法,培养学生的审美能力。但部分高校教师还在使用传统的教学方法,由于教学形式过于枯燥,学生的综合能力没有得到明显提高,甚至缺乏学习兴趣,难以达到增强母语感染力的教学效果。进而在大学语文学习阶段,为了完成增强母语感染力的教学任务,需要教师在设计教学内容之前了解学生的语文学习情况、学习能力,并研究课程设置、教学设计方式等内容,使教学工作具有针对性,以提高学生对语文的阅读、欣赏、理解能力,并掌握母语知识,推动学生进一步发展,进一步提高教学有效性。

由于大学语文课程具有系统化的特点,学生认真学习这一内容能够进一步提高语言表达能力,使学生能够熟练地应用语文知识。并且大学语文课程在教学时将培养人文精神作为目标,并以这一目的为依据选择教学文本,进一步提高教学有效性。但由于部分教师对这一工作的重视程度不高,导致教学工作的有效性不高,为了改善这一现状,需要教师在设计课程时,选择具有典范性的文本,并对学生的综合能力进行分析,合理设计能够启迪思想、道德熏陶的文本,使教学具有生动活泼的氛围,让学生对语文学习产生浓厚的兴趣,并达到增强母语感染力的作用,推动教学工作进一步发展。

由于语文教材在编写时,为了保障其既能够满足教学大纲的要求,又能达到母语教学的意义,需要教师将其中的工具性与人文性进行统一,使学生能够在适当的教学环境下提高语文综合能力,并提高对文学作品的赏析能力。但部分高校在开展语文教学时,没有合理设计教学内容,导致教学内容过于理论性,难以提高学生的综合素养,这就需要进行语文教学改革工作,进一步提高教学的整体性,增强母语感染力,促进教学工作进一步发展。另外,开展语文教学工作,能够促进学生进一步提高语文综合能力,改变部分大学专业设置厚此薄彼的现象。大学语文教学中学生在学习文本之后能够形成良好的精神素养,并推动社会进步,提高综合能力。由于人们生活在汉语的环境下,并且语文科目对社会发展有一定的影响,为了使大学语文教学达到增强母语感染力的效果,需要优化教学文本内容,例如:教师可以通过社会发展、文化素质等几个方面选择文本内容,并在教学时对学生进行引导,使教学工作进一步提高有效性,提升学生对语文的欣赏能力。

(二)提升艺术审美力

艺术审美力,又称艺术鉴赏力,是指人感受、评价和创造美的能力。审美感受能力指审美主体凭借自己的生活体验、艺术修养和审美趣味有意识地对审美对象进行鉴赏,从中获得美感的能力。艺术审美能力对学生的思想情操、思想情感的发展有一定的影响，并且大学生即将面临就业问题，为了促进其进一步发展，需要合理开展语文教育工作，使教学达到提升艺术审美的效果。为了达到这一目标，需要教师合理设计教学内容，使学生具有发现美、创造美的能力。另外，由于教师具有美感教育的责任，进而在选择教材时需要按照马克思主义审美原则整理教学内容，并且由于文学家在创作作品时，会美化人物形象，学生在学习时能够逐渐形成艺术审美力，并获得美的享受。在大学语文教学中，教学工作需要发挥出语文学科中的人文性与基础性作用，进而提升学生艺术审美力，推动学生全面发展。但大学语文教学使用传统方法难以提高教学有效性，为了改善这一现状，需要提高教学针对性。例如：在教学时，教师需要先对学生进行基本审美能力的培养，并根据学生学习情况进行审美教学，使学生能够进一步提高对语言的感悟能力，从丰富的感悟中得到美的享受，提高大学语文教学的有效性。需要教师在教学时对学生进行必要引导，培养其勤于思考的习惯，为之后的学习、工作奠定良好的基础。

在大学语文教学中，为了进一步提高教学的有效性，需要在教学时帮助学生沉淀知识，并提高对文章内容的理解能力，了解文本内容情感，并将文本内容进行升华。例如：在学习《声声慢》时，由于学生接受了较长时间的语文教育，进而让其独立对文本进行分析没有问题，但为了发挥出大学语文教学的优势，需要从审美角度引导学生进行分析，使学生能够感受李清照的情感，并融入诗人的精神境界，使教学工作达到提升艺术审美力的效果。

教师在教授大学语文时，为了达到提升艺术审美力的目的，需要合理设计教学内容，帮助学生对作品进行感悟。例如：教师在带领学生学习《荷塘月色》这一内容时，教师需要先带领学生分析作品内容，并让学生找到作品中传达美的关键词，并感悟到美的哲理，达到美育的目的。另外，文学作品能够展现社会、思想等内容，例如：《当》这一文章中，学生在教师的引导下能够感受文章中描写的社会状态，感受到作品中美的力量，达到教育的目的。由于写作是语文教学中的主要任务，为了进一步提高教学有效性，需要教师在教学时加强引导，使学生能够感受到语文中的美，并延伸到生活实际中，使大学语文教学达到提升艺术审美能力的效果。通过这样的方式进行大学语文教育，学生能够在成长中逐渐形成完善的审美能力，促进学生心理健康发展。

大学语文教材内容具有多样化的特点,并且蕴含自然、社会等方面的美,在教学时教师需要将这一内容合理分配到教学工作中,使学生循序渐进地形成审美感受,领会到作品中描写的美与丑,学生在学习时对生活实际进行分析,能够感受到提高人文素养的重要性,并发挥出大学语文教学工具性的特点,进一步提高大学语文教学的有效性。另外,学生在大学阶段接受语文教学时,需要教师在课前整理教学内容,适当选择文本内容融入现实生活中,并引导学生总结其中的美,使教学能够发挥出美育的作用,提高大学语文教学的有效性。

(三)优化语言表达力

大学语文,无论是叙事状物、言事说理,还是抒情言志,所选文章均为经典之作,语言运用规范而艺术,对学生语感培养很有帮助。由于语文内容具有实践性的特点,人们的日常生活离不开语文,并且随着社会的不断进步与发展,语文的应用范围不断扩大,逐渐向其他领域渗透。因此,专家学者认为语文教材具有培养语文能力的作用,在进行教材编写时,将基本功能作为出发点,注重语言的工具性与美学性特征,提高了教材编写质量。另外,为了能够发挥出大学语文教材的教育职能,需要合理设计教学目标,使学生能够在长期学习中养成良好的学习习惯,并提高教学效果。由于培养良好的语文学习习惯需要进行不断的练习,而练习的依据为语文教材,这就需要教师应用教材带领学生进行听、说、读、写等实践活动,通过具体的语言环境锻炼学生运用语言的能力,促进学生养成良好的学习习惯。并且在教学时,为了能够进一步提高教学有效性,教师需要带领学生学习其他选文内容,例如:学习古诗词时,需要应用其他内容分析对仗、押韵等相关韵律知识,使学生能够提高对语文教学内容的了解程度,并提高语文实际运用能力。

在大学阶段进行语文教学对学生综合能力发展有一定的影响,在进行语文教学时,需要在教学之前合理设计教学内容,从学生实际能力与智力发展需要出发取舍内容。例如:教师在教学时为了达到优化学生的语言表达能力,提高教学的有效性,需要先将教学课程进行分类整理,并在教学中添加不同形式的文本,带领学生进行语言表达能力练习,进一步提高教学质量。发挥出大学语文教学的意义,需要教师在教学之前了解学生的实际学习情况,因人而异设计教学内容,达到优化语言表达力的作用,促进大学语文教学工作进一步发展。

由于语文的特点主要表现为语言表达,在进入大学阶段之后,为了能够发挥出语文教学的优势,需要进行重新设计,使教学具有科学性,并能达到优化语言表达力的目的。例如:教师可以在教学之前对课程内容进行合理设计,在课程中融入诗歌、散文、小说等文本,使学生能够进一步了解文学形成的过程,在教学中教师可以带领学生进行写作、阅读训练,提升学生的人文素养与道德品格,进而提升语言使用效果。另外,在教学的过程中,由于部分教师的重视程度不高,没有对课程内容进行优化设计,导致教学有效性不高,需要教师根据学生的学习情况、综合素养,进行整体教学设计。

大学语文教学中,为了达到优化语言表达力的教学目标,需要教师在教学中带领学生进行文本翻译、内容分析等工作。另外,在进行教学时,为了潜移默化地优化语言表达力,需要教师合理设计课后作业,使学生能够将课程内容与生活实际联系起来,形成良好的语文综合素养。但部分教师在进行教学设计时,对教学内容连贯性重视程度不高,需要教师在教学之前先设计教学总体构架,并按照教学要求进行引导教学,使教学具有优化语言表达力的意义。

(四)激发开拓创新力

创新是一个民族的希望,是社会文明的象征,随着社会经济的不断发展,教育的创新起到引领示范的作用。为了推动我国教育事业进一步发展,教育部制定了各级教育发展规划,对教学改革发展进行了科学规划,这一工作将推动社会经济进一步发展,进而促进人才发展,带动文化、社会发展。高校承担着创新型人才培养的重任,需要在学科教育教学中实施创新工程,以科技创新人才培养为主,对学生进行素质教育,提高教学的有效性。当大学在进行语文教育时,为了使教学工作提高有效性,需要按照教育要求设计教学工作,达到培养学生创新能力的目的。在对大学语文教学进行设计时,可以应用问题教学法设计教学内容。例如:在具体教学过程中,教师可以先带领学生分析文本情感,并向学生提出与教学内容有关的问题,激发学生的创造性思维。另外,在教学中营造创新氛围能够进一步提高学生的学习积极性，并培养学生的创新能力，为之后的学习工作奠定良好的基础。

在大学阶段进行语文素质教育，能够激发学生的学习潜能，并使学生提高创新能力，形成全面发展型人才。大学教育的主要任务为提高学生的创新能力、实践能力，使学生能够满足时代发展的需求。为了达到这一目标，需要将培养创新能力工作放在重要位置，并整理教学内容。例如：在教学的过程中，教师需要引导学生思考解决问题的方法，使学生能够形成创造环境和解决问题的能力，推动学生形成完善的人格，达到素质教育的目的。在大学语文教学时，为了能够进一步提高创新能力，需要教师使用新的教学手段、教学方法进行教学工作。为了全面提高综合素养，需要提高人文艺术知识，了解思想家的智慧、人文知识、自然景物等内容，促进学生思维能力发展。另外，大学语文课程内容形式具有多样化的特点，并且形式类型较为丰富，学生在学习时，能够形成较为完善的形象思维，提高教学有效性，并激发开拓创新力。

大学语文教学中，由于学生的创新能力存在差异，导致教学工作难以稳定运行，为了改善这一现状，需要教师在教学时引导学生分析作者的思维成果，并以作者的思维方式进行思考，提高教学的有效性。另外，为了使教学达到激发开拓创新能力的目的，需要教师在教学之前对文本内容进行全方位的审视，并将自身作为发现者、研究者了解文章内涵，在教学时教师需要带领学生进行课程内涵分析工作，潜移默化地影响学生的思维能力，进一步提高教学的有效性。教师在设计教案之前对学生的实际学习情况进行分析，并选择合适的文本引入教学中，带领学生分析教材中思想情感，逐渐形成较为完善的课程内容，使学生提高学习兴趣，并激发开拓创新力，达到大学语文教学的目的，推动学生进一步提高语文综合素养。在教学中，教师在教学时需要按照相关教学标准、课改需求设计教学形式，推动教学工作进一步完善，并达到激发学生开拓创新能力的目的。

（五）增强人文知识素养

人文素养中的"人文"，可以作为"人文科学"进行分析（如政治学、经济学、法学、社会学、伦理道德等），而"素养"是由"能力要素"和"精神要素"组合而成的，进而可以了解到人文素养即为人文科学的研究能力、知识水平和人文科学体现出来的以人为中心的精神,即人文知识对人的熏陶感染经过个人内化升华后所表现出来的人格、气质及修养。大学语文教育是我国民族文化的载体,大学生通过学习,可以陶冶情操、感悟人生、丰富感情、完善人格,促进人文素养的形成与发展。

由于大学生是推动社会发展的重要力量,为了提高教学工作的有效性,需要对大学语文教学工作进行优化,把教学重点放在学生人格、气质、修养的培养上,并通过优秀作品潜移默化地影响学生的个人素养,形成良好的个人品质,为今后工作、学习奠定良好的基础。但由于教材版本不同,其中的结构设计存在一定的差异,需要教师在设计教学内容时注重中华优秀传统文化的传播,并将这一内容与教学工作进行有机融合,使学生能够在语文学习中形成相对稳定的内在品格,激发学生的爱国情怀。例如,高校可以定期召开教学讨论会议,教师共同对教学内容进行整理,并在其中融入适当的传统文化;在教学时教师可以为学生多讲解一些经典的文学名著,开阔学生视野,提高教学效率,使大学语文教学具有丰富人文知识素养的意义。

由于教学氛围对学生学习积极性有一定的影响,为了能够进一步提高教学科学性,需要教师在设计教学内容时将文学、哲学、历史、宗教、文化、思想道德等内容融入其中,并对教学结构进行优化调整,使教学工作具有培养学生道德素养的目的,并在潜移默化中提高学生的民族自尊心和文化自豪感。部分古代文学作品具有较高的精神品格和理想,为了使教学工作达到丰富人文知识素养的目的,需要在教学中加强古代文学的教学,因为非中文专业学生的古代汉语知识相对欠缺。例如:在教学中教师可以将《典论·论文》《左传·襄公一十四年》等具有高尚理想的文学作品融入教学工作中,进一步提高教学效率,发挥出大学语文教学开展的意义。现代文学中同样有许多人文素养极高的文学家,例如鲁迅、郭沫若、茅盾、巴金、老舍、曹禺等,他们的作品是人文素养教育不可多得的典范。还有部分当代作品展示了社会中的矛盾与人文知识,进而为了丰富教学内容需要教师在设计教学内容时将这部分文学作品融入其中,使学生在学习时能够进一步提高人文知识素养能力。

由于大学阶段进行语文教学工作具有德育功能,学生能够通过相关文本了解文章中的价值观、人生观等,教师在这一阶段可以对学生进行适当的引导,使其树立正确的信念,形成丰富的精神世界。实践证明,空洞的说教是苍白无力的,潜移默化的精神感化犹如春风化雨、润物无声。另外,在教学中为了发挥出丰富人文知识素养的作用,需要有针对性地选择教材内容,例如:教师可以选择《离骚》《苏武传》等内容对学生进行爱国主义教育,学生在接受教育之后能够丰富人文知识素养,并促进其提高道德修养。由于大学语文教材具有理想情操教育的能力,在教学中教师选择适当的内容能够帮助学生树立正确的人生观,并提高为人处世能力。大学阶段的语文教学还需要对学生进行语文基础教育,提高学生的语文综合能力,但由于部分高校教师对这一工作的重视程度不高,甚至没有合理设计教学内容,导致教学工作难以丰富人文知识素养,为了改善这一现状,需要教师合理选择文本内容,并帮助学生自主思考自身的不足,弥补缺陷,扎实基础,完善知识,提高素质。

第二节　大学语文的主要功能与教学目标

一、大学语文的主要功能

(一)学以成人

提升人才培养质量,实现人的全面发展教育是培养人的社会活动,教育的终极目标是要学以成人,提高生命的质量[①]。学以成人是教育普遍且恒久的价值追求,任何教育都必须以学以成人为前提。大学时期是人生重要的成长阶段,是"成人"的关键时期,大学教育直接决定未来进入社会的人是怎样的一个人。人与人的不同,在于思想观念的不同;人与人之间最重要的区别,在于不同的认知境界。只有将教育的重心放在人的完善上,在各科教学中重视学生心智发展,引导学生形成正确的价值观,人的素质才能有本质性的提高,高等教育才能显示最大的意义。大学语文教学应发挥优势,积极促进学生的全面发展,提升学生品质。

[①]曹媛媛. 基于和谐导生关系的研究生导师立德树人职责落实机制构建[D]. 武汉:华中农业大学,2022.

现在,很多教师做了许多有益的尝试:不再将大学语文上成"高四"语文课,有的侧重于文学,以文学史为线索,文学欣赏为主要内容;也有人倡导汉语教学为主,偏重于语言文字的学习和运用;在提倡人文素质教育的背景下,也有教师把语文课上成文化课。这些尝试有一定的意义,但与学以成人的要求还相去甚远。"成人"最重要的是人的正确价值观形成和认知能力的提升,前者决定他成为一个合格的公民;后者决定他的眼界和能力,决定他发现问题和解决问题的能力。大学语文学科在这两个方面都具有很大的优势,为了很好地发挥其优势,大学语文教学要从文学文本回归到生活,引导学生将文学作品内容与生活联系起来,促进自身思维与情感的发展;要提升学生认识自己、他人和社会的能力,以文学教育提升认知水平;要为学生终身阅读做准备,提高学生自我教育的意识和能力。

(二)传承中华优秀传统文化

在现代文明社会的建设过程中,人类通过对自然的改造、对人性的研究,逐渐形成了社会思想意识,构成了文化体系,其中还涵盖了与社会意识相适应的组织结构和制度。文化反映了社会的政治和经济,对政治和经济产生了不同层面的影响。文化的民族性特征体现在民族的生产、发展中。文化历史具有延续性的特征,它是社会物质生产历史的延续,是为发展历史延续性奠定基础的关键所在。在文化体系中,中华优秀传统文化凝聚着广大劳动人民的生产经验和思想结晶,其中涵盖了高尚的人格追求和理想追求。中华优秀传统文化集成了艺术、哲学、中华民族的历史等等,浓缩了民族精神,是对民族精神的高度概括。

从1978年至今,高校的大学语文课程经历了四十多年的发展,由最初高校校长倡导,到2006年《国家"十一五"时期文化发展规划纲要》中明确指出的"高等学校要创造条件,面向全体大学生开设中国语文课"。大学语文作为高校素质教育的重要阵地,它是传承中华优秀传统文化的重要载体。大学语文的教学过程是教师传递基本知识的过程,更是提升学生文学素养的关键过程。教师在讲授古今中外文学作品的同时,也在引导学生建立正确的价值观、世界观和人生观,逐步提升学生的精神觉悟。

大学语文作为传承中华优秀传统文化的重要载体,其功能主要体现在以下几个方面。

1. 提高学生对中华优秀传统文化的认识

大学语文教育教学的内容是精彩纷呈的文学作品,其中蕴含着大量传统文化的元素,透过这些作品,可以引导大学生对中国文化加强了解,提高其对中国传统文化的认识。尤其是古代典籍的学习,可以帮助学生进一步了解到中国传统文化中值得弘扬和吸纳的民族精神、民族智慧,可以让学生逐渐懂得中华优秀传统文化的自身特色。

正是中华文化的优秀基因,其以人为核心、以谋求人类的幸福为出发点和归宿,其兼容性以及所蕴含的崇高的文化自觉意识和厚重的历史责任感,文以载道、知行合一、经世致用的优良传统,家国天下的博大情怀等,使得五千年的中华文明从未中断,而且具有永续传承性和永恒生命力。"在明明德,在亲民,在止于至善""格物致知""正心诚意""修齐治平"这些思想观念,已经成为中华民族内在的特质秉性与文化标识,充分展示了中华优秀传统文化的价值追求和人格理想,奠定了中华民族的文化性格、行为方式和家国情怀,成为中华优秀传统文化最具生命力的精神基因。

中华民族绵延不绝的悠久历史、灿烂文明,孕育滋养出源远流长、根深叶茂、丰富多样的优秀传统文化。历经五千余年发展与传承,中华优秀传统文化积淀了中华民族最深沉的精神追求,代表着中华民族独特的精神标识,形成了中国人的思维方式和行为方式,塑造了中华民族的鲜明品格,培育了独树一帜的中国精神,包含着丰富的哲学思想、道德情操、价值观念、审美品格、艺术情趣、辩证思维和科学智慧,是中华民族宝贵的精神矿藏,是中华民族屹立于世界民族之林,绵延不绝、郁郁葱葱、生生不息的文化之根。

中华优秀传统文化是中华民族的精神命脉,是涵养社会主义核心价值观的重要源泉,也是我们在世界文化激荡中站稳脚跟的坚实根基。中华优秀传统文化蕴含的核心价值内容丰富、思想深刻、影响力广泛持久深入,具有独特的魅力和文化特色优势,包含着深刻的思想价值、巨大的精神活力、崇高的道德人格、辩证的科学思维、形神兼备的审美品格。中华优秀传统文化历来把人的精神生活纳入人生和社会理想之中,融汇成为博大精深、底蕴深厚的文化价值理念和道德人格文化传统,世代相传,绵延不绝,深入人心,成为中华优秀传统文化的思想底色、信仰支柱、精神追求,成为当代中国文化软实力的血脉灵魂。

2. 增强学生弘扬中华优秀传统文化的责任感

语文之"文"，不仅仅指"文字""文章"，还蕴含"文化"之义。因此，大学生学习语文，就不仅仅是语言知识的学习、语文文本的阅读，更重要的是要学习文化知识，提高文学素养，受到文化熏陶。中国语文，尤其是中国古代诗文，本就融文、史、哲于一体，作者大多是借助文学来表达内在的思想主张、道德观念与精神追求，其中蕴藏着丰富、深厚的中华传统文化宝藏，文化始终与语言文学水乳交融般地联系在一起。因此，大学语文教育教学过程中，融入优秀传统文化内容深度，可以有效发挥优秀传统文化的育人功能，进而达到润物无声、化人无痕的人文教育效果。

大学语文包含许多文化人物以及体现了其思想与情感的很多文学作品，既蕴含了古人的智慧、思想和感情，也传达着传统的价值观念。通过对这些作品或言论的学习，学生足以深刻感受到在中华民族的血液里，始终流淌着一种以天下为己任的崇高使命和担当意识；会激发学生对古圣先贤的热爱和追随，促使他们自觉或不自觉地将这些思想传承和践行。这些凝聚着中华民族情感、精神和道德因素的作品，蕴藏着深厚的文化基因，闪耀着理性的光芒，既可开阔学生视野，又能让学生吸收传统文化的精髓和营养，让他们深刻懂得在人类历史的长河中，中国传统文化是世界上最古老的文化之一，也是世界上唯一传承数千年而未曾中断的文化，是一个巨大而又深邃的文化宝藏。

3. 有效培养传统文化的爱好者和传承人

培养优秀传统文化的爱好者和传承人，是进一步弘扬优秀传统文化的关键。只有将弘扬传统文化外化为个人的自觉行为，才能使这一行为葆有恒久的生机和活力。

大学生肩负着振兴中华的伟大历史使命，有责任和义务了解本国传统文化，传承、弘扬和创新优秀传统文化。近年来，西方价值观及社会思潮对校园文化造成一定的冲击，部分大学生对中华优秀传统文化根本精神的时代价值以及现代性转化产生了质疑。对于已经具备了独立思考能力和分辨能力的大学生，在这种经济全球化的宏观大环境下，有必要进行中华优秀传统文化教育，积极引导他们对中外文化进行主动自觉的批判性继承，坚持"不忘本来、吸收外来、面向未来"的原则，做先进文化的学习者、传承者及践行者。帮助他们积极了解传统文化，能够促使他们有效夯实传统文化的基础,提高他们的认知水平,能够增强他们的民族自信心和自豪感,使他们更加热爱祖国,为祖国的繁荣与发展做出贡献。引导他们积极分析传统文化,有助于他们更加准确地认识具有五千年历史的祖国文化,挖掘出优秀传统文化的当代价值和现实意义,有利于固化他们的精神信仰和价值追求,为更好地担负起国家发展重任做好准备。

大学语文作为"道器兼容"的学科,在培养大学生阅读理解、形象思维与表达交流等能力的同时,始终渗透着中国传统文化教育。大学语文教学所选的基本是文学经典,内容涉及哲学、宗教、伦理、历史、艺术等内容。不论是先秦的诸子散文、历史文学,还是古代诗歌、小说、戏曲,其中蕴含的思想观念、人文精神、道德规范等,至今依然闪耀着智慧的光芒。无论是针对个体的修身之道,诸如求同存异、和而不同的处事方式,文以载道、以文化人的教化思想,天下兴亡、匹夫有责的担当精神,精忠报国、振兴中华的爱国情怀,崇德向善、见贤思齐的社会风尚等,还是针对国家的"民为贵、君为轻、社稷次之"、民惟邦本、德主刑辅、治国先治吏的为政之道等,都蕴含于大学语文教学内容之中。这些优秀的中华传统文化能够为大学生认识和改造世界提供有益启迪,可以增强大学生的文化认同感与归属感,逐步形成文化自觉意识,确保中华民族的优秀传统文化代代相传、绵延不绝。

不管文科生还是理工科学生,思想内涵和文学素养都是非常重要的,大学生应有知识分子之素质,知识分子的素质决定着一个国家民族的思想文化高度,也决定着科技的高度。我们深知,不论是过去还是现在,伟大的科学家都具有很高的思想内涵和文学素养,都有伟大的人文情怀。文化素质不高,可以做一个科技工作者,但绝不可能成为科学家。全面而深厚的文学素养和人文情怀,不仅有助于丰富科学家的人生,涵养科学家的性情,对他们的科学研究也是非常有帮助的。自然科学研究达到一定高度之后其实比的就是思想文化,瓶颈不再是科学素养而是思想文化水平,要想取得更大的突破,达到更高的境界,往往不仅取决于科学研究本身,而且取决于科学家的思想文化修养,还取决于个人的人格品位、人生态度以及对个人和民族国家的认识与追求等。人文科学研究更是这样,达到一定程度之后,要想有更大的突破,除了拥有专业知识和水平之外,还要有一定的文史哲思想的深度与厚度,个人人生之境界、情怀、胸怀也是关键因素。一个专注于名利的人,其学问的天花板是有限度的,只有胸怀无限宽广,学问才能无限宽广。而思想文化从某种意义上说就是语文的范畴,专业学习是有限度的,而语文学习是无止境的。

随着社会经济的迅速发展,社会对于人才的要求越来越高,人才不仅需要扎实的专业知识,更需要较高的文化素质,而文化素质正是来源于诸如大学语文这样的通识课程。全球一体化背景下,中国与世界各国的交流与互动越来越频繁,文化的冲击无时无刻不在发生,此时,如果缺少对本民族文化的认同感和文化自信,必然将在文化的碰撞中迷失方向。大学语文教学中渗透传统文化不仅仅能够帮助学生提高文学素养,提升文化自信,更关乎社会发展和国家未来。

二、大学语文的教学目标

大学语文是一门语言学科,兼具人文性和工具性。语文本身肩负着传承民族文化,蕴蓄丰富人文内涵的重要使命。因此,大学语文的开设,主要以培养学生的文学素养、文化底蕴为教学目标。这样既能够通过文学欣赏,充实学生的内心世界,端正学生的思想,帮助学生建立良好心态,又可以通过不同类型文章写作要领教学,或者表达技巧教学,提升学生的语言应用能力。

大学语文以培养学生的人文精神和人文素质为目的,将人类优秀文化成果荟萃起来,囊括文学、历史、哲学、艺术等人文知识的精华。在教学的过程中,引导学生在浓厚的人文氛围中感受博大精深的中华优秀传统文化和伟大的民族精神,完善知识结构,培养道德情操,激发爱国热情,在潜移默化中提高青年学子的人文情怀。

大学语文的教学目标主要体现在以下三个方面。

其一,知识目标。知识目标是大学语文的基础目标,包括:①进一步掌握语言、文学基础知识(包括常用字、词、短语、古今名句等),培养学生对祖国语言文字的热爱。②树立语言规范意识,能够准确地运用汉语语言进行表达和交流。③拓展学生的知识面,开阔学生的语文视野,养成良好的阅读习惯。④真正掌握阅读、理解、鉴赏优秀文学作品的方法,从而有效提高学生的汉语水平与文学素养。

其二,能力目标。能力目标是大学语文的提升目标,包括:①进一步提高学生理解与运用祖国语言文字的能力(包括阅读能力、写作能力、口语交际能力等）。②培养和提高学生鉴赏评价文学作品的能力。③强调读、思、写相结合，加强思维训练，培养独立思考意识和批判精神。④切实提高学生的自主学习能力，为专业课学习打下坚实的基础。

其三，情感目标。情感目标是大学语文的最终目标，即人文性和审美性的实现，包括：①拓宽学生的文学与文化视野，陶冶性情，塑造健全的人格及良好的道德情怀。②在潜移默化中确立学生的价值观念、思维方式和行为规范，促进学生身心健康发展。③弘扬人文精神，传承民族文化，提高学生的民族自信心及对中华文化的认同感。④确立学生对真、善、美的认知、辨别和鉴赏，培养学生高尚的审美情趣。

第三节　大学语文教学的现状与反思

随着社会的前进与发展，对高素质人才的需求不断增加。为了培养更多高素质的人才，高校大力推动课程建设和改革。大学语文课程具有基础性、人文性以及实用性的特征，具备培养大学生的人文素养和增强大学生的文化知识等作用，是学好其他专业课程的基础。但就大学语文教学现状而言，仍存在一些问题。

一、大学语文教学的现状

（一）课程定位不够清晰

部分高校认为，大学阶段的主要目标，是掌握专业知识和技能，语文相对而言可有可无，所以课程设置较少，总课时长难以满足教学要求。甚至为保证专业课、政治课与英语课等教学时间，大幅度缩减或删除语文课程，即便开设亦是每周两学时，令大学语文教育逐渐边缘化、形式化，无法实现教学目标。大学语文在高校中的课程地位不高，充分说明缺乏对语文的精准定位，是高校教育理念和认知的误区。另外，大学语文课程本身定位不够清晰，受到内外部环境影响，大学语文在各大高校间均处于教学封闭式状态，难以摆脱当前的教学困境，沿用传统教材和教学模式，对学生知识接触和学习能力考虑不周，应试教育制约着大学生成长与发展。

（二）语文课时安排不足

课时量充分体现出对课程的重视度,通常情况下,体现办学特色、人才培养目标的课程,高校均会划出大量课时用于教学工作[①]。可见,大部分高校是立足于课程重视度进行课时安排。当前许多高校中大学语文主要是开设选修课,即学生可选可不选,这就传递给学生错误的信息,即语文学习并不重要。加之对语文感兴趣的学生较少,选修课人数有限,教师教学热情不高,难以达到理想教学效果,这是高校不断压缩语文课时的重要原因之一。从短期发展而言,缩减语文课程可以节约资源,降低经费支出,但基于为国家培育社会主义建设者和接班人这一长期视角,这种思想理念并不可取。现阶段大学语文教改面临诸多问题,体现在教学理念、教学方法、教材、师资等多方面,但首要的问题是大学语文课时不断缩减,课时不足导致教改受到阻碍。

（三）教学资料相对匮乏

当代大学生对大学语文学习诉求多样化,要求有丰富的教学资料满足其需求。但大部分高校语文教学资料储备不足,图书馆作为教学资源的重要储存场所,大部分图书馆资源建设均侧重于科学类、技术类书籍,与大学语文相关的经典文学类资料不足。虽然购置了一些文学经典书籍,但大多被用于课余时间消遣,并未对语文教学提供支撑。所以,当前大学语文课程教学资料主要以教材为主导,而高校的语文教材建设情况亦不理想。大多数高校选择直接照搬其他学校教材,部分学校甚至尚未形成固定教材,均由语文教师自主选择。究其原因,主要是高校对教材建设重视度不足,并未组建教材开发设计团队,进行校本教材建设,经费投入相对较少,影响大学语文教材的更新。

（四）教学方式单一

高校最初开设大学语文课程是为了增强大学生的人文素养和文化知识,从而培养出社会所需要的高素质人才。但是,在目前的大多高校中,语文教师为了方便,直接采取满堂灌输的传统教课方式,不去了解学生是否真正理解教材中的知识,而是一味地对他们进行灌输,这与最初开设大学语文课程的目的是相违背的。在这种"教师讲、学生听"教学方法的影响

---

①李小慧.浅析大学语文在教学实践中的困境及策略[J].汉字文化,2021(11):30-31.

下,大学生们会渐渐丧失独立思考问题的能力。对于课堂上的问题,他们不会主动去思考,始终保持等待现成答案的状态;对于那些深奥的知识,他们不去主动理解背后隐藏的含义,而是选择死记硬背的方式记住它们。若长期采取这种教学方式,不仅不会让那些知识和理论深入到大学生的内心,反而可能会激起他们对课堂反感和厌恶的情绪。

(五)教师队伍数量不足

伴随着各族人民精神文化需求的日渐增长,教育事业也迅速发展起来,越来越多的学生通过高考进入大学校园。面对逐年增多的学生,院校中语文教师队伍的数量严重不足。为了保障大学语文教学工作的正常开展,教师们不得不投入到高负荷的教学工作中,没有多余的时间去参加科研或者教研项目来提升自己的知识储备和教学水平。长此以往,教师队伍的创新意识和科研意识就会有所降低,在很大程度上影响了教育活动的展开。除此以外,有些院校采用短期外聘专职教师的方式来解决教师队伍整体数量不足的问题,但是由于外聘的教师没有经过严格的检验和培训,缺乏良好的教学方法、技能和经验,机械化地进行语文教学,导致学生对教学内容的兴趣度不高,不利于大学生文学素养的提升。

(六)学生语文重视度低

当代大学生虽积极乐观、敢想敢做、个性鲜明,且渴望获得他人的认可与认同,但亦体现出人文素养欠缺、社会公德意识薄弱等问题,长期接受应试教育使学生思维僵化,遏制了学生的想象力和创造力发展。进入高校阶段后,大学生逐渐体现出对人文教育的偏见,认为大学语文课程枯燥无趣,对自身成长和发展毫无意义。在大学语文课堂教学中,溜号、睡觉、打游戏、看其他书籍、逃课的学生不在少数,认为大学语文课程浪费时间和精力。学生固有的思维观念必然会削弱其语文学习热情和积极性,并不会主动学习语文知识,阅读经典名著,领悟文字世界中蕴含的智慧,令高校大学语文课程无法发挥人文教育的熏陶作用。

二、大学语文教学的反思

(一)大学语文教学问题成因

1. 内部原因

导致大学语文教学陷入困境的内部原因主要包括两方面。其一,教学目标缺位。大学语文所设置的教育目标,侧重点在于学生累积扎实的基础知识,对培育学生人文精神与综合能力重视度不足。且语文教学始终处于封闭状态,并未积极与其他学科交融。大学语文作为培育学生健全人格与良好人文修养的课程体系,其作用不仅是正确引导学生思想和行为,但当前所设置的教育目标并未充分体现这一点。其二,教学内容滞后。教学内容是激发学生学习兴趣与热情的关键,直接作用于教学效果。因此,大学语文教学内容应凸显时代性、实用性,助力学生的成长和发展,实现与时俱进。但十分遗憾的是当前的教材仍十分落后,主要以经典文学作品为主导,虽然能使学生从中获得感悟,却与时代发展相脱节,难以契合当代大学生的文学欣赏取向。另外,这些文学作品与现代生活相距较远,学生即便认真学习,但深度理解和接受仍不理想。加之这部分文学作品占据语文教材大部分内容,令凸显现代社会和生活的优秀作品的空间被不断挤压,教材逐渐落后于时代发展。

2. 外部原因

一方面,高校顺应市场发展时,人才市场的要求导致目标短视。现代市场经济体制下,产业不断转型升级,对各类专业技术人才的需求十分迫切,在一定程度上推动了高校的发展。就业率始终受到高校重视,是衡量办学的重要指标,关乎学生满意度和发展。在现实的就业环境与压力下,高校为获得生存和发展,通常迎合市场短期需求,使得人才培养功利性明显,专业知识与技能训练成为教育教学的重点,大学语文这类人文课程逐渐被边缘化。另一方面,受到重理轻文的大社会背景的影响,认为理科是推动社会发展的核心,对文科秉持漠视态度,导致忽视语文教学,使高等教育失去应用的价值和意义。

（二）大学语文教学发展对策

1. 认知语文教育的重要性,合理设置课程目标

随着社会竞争日益激烈,大学生心理与道德问题逐渐凸显,要求高校注重培养学生健全的人格和良好的道德品质,高校作为人才培养的最佳阵地,当前我国高等教育不断向素质教育转型,致力于培养符合社会需求的复合型人才。而大学语文课程是培育学生人文精神与素养、塑造健康人格的重要课程,高校需提升对大学语文教学的重视度。

第一,从制度层面着手,为语文课程划出充足课时量和学分,将大学语

文课程纳入高校整体的教学改革规划中,充分体现大学语文的教育地位和重要性。第二,加大对大学语文课程教学的经费支持力度,特别是提供充足的科研经费,引导广大教师积极参与科研工作,并将科研成果转化为教学方法,推进大学语文教育走出当前困境,实现深化改革与发展目标。第三,对语文教师进行分型,根据大学语文课程教学内容,安排语文教师分别负责古代、现代、外国作品的讲解,三位教师协同配合开展语文教育工作,降低教师备课任务量,使其充分挖掘自身的内在潜能,不断提高自身的语文教学能力,为学生提供多样化的语文知识,夯实学生的语文基础。而且高校应赋予语文教师自主教学的权利,即教师可结合教学设计,合理规划上课人数、时间和方式等,调动语文教师的工作热情与积极性,为提升语文课程教学效果奠定基础。除此之外,合理设置大学语文课程目标,由于大学语文课程与语言应用类、文学类课程之间具有相对明显的差别,大学语文课程教学的主要目的是在为学生传授知识和技能的基础上,培养学生良好的思维方式和生活方式。换言之,设定大学语文课程目标时,应以培育大学生正确的人生观、价值观和道德观为主导,促进学生语文人文素养和综合素质发展。

2. 结合学科与学生特点,加强语文教材建设

结合大学语文课程目标,建设有助于提高学生综合素质的教材体系。在高校素质教育改革背景下,大学语文课程始终被置于核心位置,语文教材不应局限于文化和文学内容,应不断拓展,为能够培养学生的科学思想与思维习惯,理论强调够用适度为主,重点放在实训层面。教材建设中凸显课程人文性特点,并关联学生个性思维培育,满足大学生学习与生活需要,保证语文教材与课程的契合性。具体操作中,应注重语文教材建设契合语文学科特点、当代大学生特点及实际学习诉求,使学生通过大学语文课程,学习中华优秀传统文化,增强使命感、责任感,形成健全人格与心理品质。因此,教材中可保留传统篇目,并增加具有时代性的内容,如现代优秀作家作品,培育学生现代思维模式与生存理念。长期以来,大学生对语文教材内容接受度低、学习兴趣不高的主要原因,是教材内容时代感匮乏。所以,当前大学语文教材内容选择,需立足于时代发展,以具有时代责任、人文精神、励志精神等内容,培养学生健全人格、正确"三观"与良好职业道德品质,为大学生健康成长和全面发展奠定坚实基础。除此之外,教材内

容建设的侧重点,应在于培育学生口语交际能力、人际交往能力、沟通协调能力。可以选择文学鉴赏、口语训练等教材作为辅助,且必要时增设大学语文选修课程,如口语交际、影视艺术欣赏、外国文学、演讲与口才等,对大学语文课程教学形成有益补充,切实增强大学生的综合素质。

3. 改进教学方式与方法,激发学生参与热情

学生对大学语文教育的兴趣和热情不足,与其长期不变的教学方式方法密切相关。因此,教学方式与方法改革直接关乎大学语文教学的成效。在改进教学方式与方法的过程中,大学语文教师应综合考查学生的特点与知识学习、接受能力。大学生经过系统化的初高中语文教育,具备良好的语文学习基础与能力,应避免过度的理论输出,倾向于拓展知识深度、广度,彰显语文知识的时代性和前瞻性,从而激发学生内心的情感共鸣,使学生理解文本知识,并实现个性化成长和发展。当代大学生伴随互联网发展而成长,其个性特点鲜明。因此,大学语文教师可利用现代教育技术手段,使课堂教学生动多样且具有趣味性,弥补传统语文教学模式的弊端。

在课堂教学过程中,语文教师应在现代技术的辅助下,结合多学科知识,引导学生认知问题,以生动化的知识呈现和趣味性讲解,深化学生的知识理解度,实现伦理、道德、现代科学、文学艺术的融会贯通,使学生了解中外文化,增强语文写作能力、阅读能力、交际能力,对学生智慧和思维形成启发。一方面,淡化课堂中语文教师知识讲解,引导学生积极参与和主动探究。课堂中语文教师应改变“一言堂”的教学形式,为学生保留充足自主学习和探究时间,对课堂教学情境与环节精心设计,使师生之间形成良性交流与互动,发挥学生的主观能动性,使学生在合作学习、自主探究中掌握语文知识点。另一方面,充分利用网络信息技术构建线上学习平台,为学生整合多样化语文学习资料,构建线上线下混合式教学模式。课前引导学生阅读文章、标记疑惑,课堂中深化讲解、促进吸收,课后复习巩固、掌握重点与难点。此外,也可利用社交软件构建群组,加强与学生的线上沟通交流,了解学生的学习诉求与反馈信息,及时调整语文教学方案,改进教学方法和策略,提升大学语文教学的实效性。

(三)建设专业性师资队伍,提高语文教师能力

大学是大部分学生在校学习生涯的最后一个阶段,面临从校园步入社会的关键时期,大学教师不仅是知识与技能传授者,也承担培育学生情感、

人格和精神的重要使命。所以,大学教师的思想素质水平与专业能力,不仅关乎我国高等教育质量,也对大学生成长和发展起到重要作用。大学语文作为核心课程,建设一支专业性强、素质高的教师队伍,是突破当前教育困境,提升大学语文教学质量的关键。在大学语文教师招聘与遴选时,需保证其具备专业背景,选择中国语言文学专业的高质量人才,重点考察专业素质与教学能力,将其纳入大学语文教师队伍,为语文课程教育有序开展提供保障。同时,高校方面需注重现有大学语文教师的在职培训,定期组织课堂观摩、讲座、座谈会等专题活动,选择语文教育领域的专家、教授,为大学语文教师传授知识和经验,切实增强大学语文教师的专业素养与教学能力。除此之外,作为大学语文教师,需树立终身学习的思想理念,利用教学之余,加强先进教学理念、教学方式与方法的学习,如慕课、微课、翻转课堂等教学模式的实际运用,以及线上线下教学的有机融合等,不断探索大学语文教学新思路。

第二章 大学生与文学素养

第一节 文学

一、我国文学发展的四个阶段

文学是一种语言性艺术,是在对富有文采的语言加以应用的基础上,去表情达意的艺术形式。我国文学一般分为四个发展阶段:古代文学、近代文学、现代文学、当代文学。按照公认的文学史的分期,中国古代文学指的是先秦至晚清的文学,中国近代文学指的是晚清到"五四"的文学,中国现代文学指的是"五四"到1949年的文学,中国当代文学指的是1949年至今的文学。[①]

(一)中国古代文学

做好文化传承,深层解析中国古代文化的当代价值,是当代人的首要任务。中国古代文学的当代价值主要体现在以下几个方面。

1. 内容与形式

古代文学的表现形式多为写意、借古讽今等,批判性思想往往隐藏于风趣幽默的笔墨中。很多文学创作者都是通过天马行空的描写形式表达对当时社会现状的不满和无奈,表达方式比较朦胧和婉转。随着时代发展,当代文学创作逐渐和现实社会贴合,呈现出现实主义风格。古今文学表现形式虽大相径庭,但不可否认的是,古代文学是土壤,现代文学是种子,两者相辅相成,才会出现"一山更比一山高"的发展局面。因此,古代文学是当代文学的载体、桥梁,是推动社会文明进程的重要阶梯。

"言之有物"是古代文学的核心思想,所有文学作品都有内容和灵魂,

---

①熊文娟. 试论"反"文学史命题——"没有'当代文学',何来'现代文学'?"[J]. 文教资料,2010(09):4-5.

空洞的作品难以经受历史长河的淘洗。古代文学的文字驾驭能力很强,通过形象生动的文字能够体现当时社会的现状。例如《水浒传》的描述,作者塑造108位形象各异的梁山好汉,从小说叙述中读者能够充分领会北宋的人文、风土人情,同时作者以生动的笔触,揭示出当时社会的黑暗和劳动人民顽强抵抗的精神。当代作品创作中,要借鉴的正是古代文学的文字描述,才能展现出更加真实的社会现状。

2. 教书育人

文学作品的真正价值,在于从中剖析核心内涵,指导读者获得心灵上的感悟,从而在人生道路上越走越远。在中国古代文学中,教书育人和人格塑造是重点内容。综合分析大量的古代文学典籍可知,"以和为贵""天人合一"是当时人们对教学的主要认知,教师教授知识时,重点向学生渗透和灌输仁爱、和谐的思想。因此,在很长一段时间内,古代王公贵族、书生布衣等求学圈子中,流行着仁爱思想。古代文学提倡志同道合的人同路而行,或创作、饮酒、郊游,"三人行,必有我师",众多学子在一起能够获得更多的思想碰撞。

古代文学发展至今,部分教学理念已经不再适用于高速发展的当代社会。当代教学者在吸取优秀古代文学教学理念的基础上,不断融合新型教学元素,持续创新教学模式,为国家培养一批又一批的优秀人才。在引用古代文学时,当代人认为要选择有代表性、感情色彩强烈的作品,古今结合,才能更好地教书育人。例如杜甫《春望》一诗,可作为培养学生核心价值观的典型案例,通过分析诗句中强烈的爱国情感,引申到当代人应当爱国,引导学生树立正确价值观,培养自己的人生观。

3. 社会应用

古代文学是历史文化的瑰宝,当代社会是信息化高速发展的社会,可利用多元化渠道,实现古代文学的多渠道传播。借鉴数字技术、互联网技术,结合新型传播方式,能够让古代文学在网络平台上碰撞出强有力的火花。让网民看到不一样的古代文学,也为后续重新激活"文学之路"奠定基础。我国古代文学沉淀千年,传承至今已不再是单纯的文学作品,更是时代的象征,历史的印记。目前随着西方文化的涌入和冲击,中国古代文学地位受到较大影响。面对这一情况,国人必须保持文化自信,大力宣传中华文学,保留自身的民族特色文化,可以吸收西方文化,但不能违背我国古代文化的特色。此外,还需与当代文化相互融合,符合当代民族文化潮流。

中国古代文化如烟花般绚烂,是无数人智慧和心血的结晶。古代文学作品历经千年而不朽,传承到现代仍旧光芒四射。继续传承和发扬我国的古代文学,是现阶段我国文学创作再创新高的重要举措。重点关注爱国、美学、刻苦研学等古代文学传承,同时深刻领悟古代文学的当代价值,并合理应用古代文学,是创新文学形式的必经之路。中国在传承与转化古代文学的同时,要注意兼容并蓄,坚持立足对于传统文学艺术的创造性吸纳,为古代文学的现代化应用,打开广阔天地。

(二)中国近代文学

中国近代文学是中国文学发展中一个重要的历史阶段。在鸦片战争之后全面危机下孕育发展的近代中国文学,在其呱呱坠地之后,时代之父便带领它开始了生命旅程上风驰电掣的奔走。历史的发展是那样的迅猛,文学以匆忙而惶惑的目光注视着瞬息万变的现实世界,运用并不纯熟也无暇雕琢的艺术方式,参与了历史的进程,责无旁贷地担负起"他新"与"自新"的双重使命。担负"他新"任务的中国近代文学,真实地反映了中华民族所蒙受的屈辱与屈辱中的觉醒;处在"自新"状态下的中国近代文学,完成了中国文学由古典向现代的转变。中国近代文学有以下几个方面的特点。

1. 求新求变的思潮日趋高涨

求新求变,是中国文学近代化历程中的一个突出特点。随着社会的进步和发展,社会生活也在日新月异地发生变化。为了适应社会的需求,文学也要变革,而西方文化的输入又刺激与推动了近代文学的变革,从而加速了文学近代化的进程。19世纪70年代之后,与维新思想的发展相适应,以黄遵宪为旗帜的新派诗人普遍地要求诗歌要书写新事物、新思想、新意境。

时代向诗人提供了大量的新事物、新思想。诸如声光电化、火车、轮船、外国风物,以及自由、平等、民主、博爱,都成了诗人歌咏的对象。五彩缤纷的社会生活,熔铸了诗人新的审美意识,使诗人的审美趣味、审美感受,由古代历史文化转移到资产阶级的物质文明和精神文明。求新求变是近代文学思潮中的主流,即使当时较为保守的一些诗人也受到这一思潮的影响,革新派和传统派诗人均已认识到求新求变是时代的召唤和文学自身发展的必然趋势,而这一点也正是促进文学近代化一个重要契机。

2. 翻译文学的介入促进了文学的近代化

近代西学传播的内容首先是自然科学,而后是社会科学,最后才是文学,真正由中国人翻译的外国文学作品大约要在19世纪70年代之后。19世纪70年代到19世纪末,除翻译了少数诗歌、寓言外,主要是小说翻译,大约译了17种,这之中不仅有社会小说《昕夕闲谈》、游记小说《绝岛漂流记》(即《鲁滨逊飘流记》)、爱情小说《巴黎茶花女遗事》,而且还有政治小说《佳人奇遇》《经国美谈》,侦探小说《福尔摩斯侦探案》,科学小说《八十日环游记》,后面这三种类型的小说,中国过去都没有,它们对此后的近代小说创作产生过很大影响。近代后期创作的政治小说(如梁启超的《新中国未来记》、陆士谔的《新中国》)、侦探小说(如讷夫的《钱塘狱》)、科学小说(如徐念慈的《新法螺先生谈》)都是在翻译小说的影响下产生的。翻译文学的出现,对于中国文学的近代化,从文学观念、文学思想、文学体制到语言建构均有重要的影响。即以叙事模式而论,林译《巴黎茶花女遗事》的第一人称叙事、倒叙,以及书中插入书信、日记,对此后苏曼殊的自传体小说《断鸿零雁记》、徐枕亚的《玉梨魂》、何诹的《碎琴楼》均有一定的影响。

3. 文学题材聚焦于大都市

文学题材并不能完全决定文学的时代属性,但某一时段社会生活的原生态对文学书写肯定是会有影响的。19世纪70年代之后,随着中国沿海城市的崛起及资本主义工商业的发展,随之而来的是农村经济的凋敝和破产,农村人口流入城市,这是资本主义发展进程中普遍的现象。因此,在近代文学中描写都市生活的小说很多,其中以描写妓女题材的所谓"邪狭小说"最为著名,这类小说背景的活动范围大多集中于上海、南京等沿海大城市或商业繁荣的文化名城(如扬州、苏州、杭州),1892年出现的韩邦庆的《海上花列传》是这方面的代表作。此前的这类小说有《花月痕》(1873)《青楼梦》(1878)《绘芳录》(1878)《风月梦》(1883),此后的小说有《海上繁华梦》(1903)《九尾龟》(1906—1910)等。19世纪70年代后出现的这些描写妓女题材的小说,大多把镜头锁定在商业大都市。这类小说所描写的社会背景、风土民情,正是近代半殖民地、半封建社会的中国大都市的典型写照。从外国租界、巡捕班房、十里洋场,到酒楼烟馆、赌场剧院,灯红酒绿,纸醉金迷,无不打上近代半殖民地大都市的烙印。娼妓制度,是剥削阶级社会的产物,在近代,它又是伴随着资本主义的发展而盛行的一种社会文化现象。妓女多是在农村破产后盲目流入城市的乡村姑娘,嫖客则是与商业有关的名流,什么红顶巨商、财界大亨、当铺掌柜、银行买办,他们成了小说中的主人公,上海这个典型的近代中国半殖民地的大都会,就成了他们的伊甸园。这类所谓"狭邪小说"(金肉交易)已和1840年前的古典言情小说中才子佳人(佳人中也有妓女)的书写模式(重才、重貌、重情)大不相同。小说在题材上展示的这种由农业文明向工业文明蜕变中所呈现的近代性,是中国文学近代化进程中必然出现的文学现象。

4. 近代白话文热潮促进了文学语言的近代化

近代白话文热潮出现于19世纪末,它的出现并非偶然,它是近代社会政治、经济、文化发展的产物,也是文学近代化进程中出现的语言现象。随着近代资本主义的发展和西学东渐的深入,新的科学技术和新事物、新思想、新名词不断进入社会生活领域,与此相适应,作为直接反映这种变化物资外壳的语言也必然相应地有所变化。另外,一些具有维新思想的文学家,为了思想启蒙和推动文学进入民间,也需要建构一种文体——由文言变为白话。

近代白话文热潮的兴起,是近代文学家不断探索的结果。近代白话文热潮的核心是对古代文学语言雅俗格局的颠覆。数千年来,古代文学语言尚"雅",或以"雅言"相称,这是因为古代文学的创造主体和接受主体都是士大夫阶层的高雅之士。宋元之后的通俗文学虽尚俗,但并没有改变古代文学语言雅俗格局的基本定位。近代以来,基于经世致用思潮和思想启蒙的需要,作为文学物质外壳的语言必然也要变革,要"言文一致",要由雅入俗。近代白话文热潮虽然还不是想"用一种汉语书面语系统取代另一种汉语书面语系统",但它却为此后这种"取代"("五四"白话文运动)奠定了理论和实践的基础,并有效地推动着中国文学的近代化。这便是近代白话文热潮的历史功绩。

总之,中国近代文学是中国文学史发展中重要的一环,它具有承前启后、继往开来的转型意义;它又是一个独立的发展阶段,有不可替代的价值和独特的历史贡献,是中国文学史研究中亟须强化的部分。

(三)中国现代文学

中国现代文学发端于五四运动时期,代表着科学民主的思想与文学改革思潮。首先接受的是西方20世纪占主流地位的文学,如托尔斯泰、雨果、狄更斯等人成为鲁迅对话的对象,由此开启了一场独具特色、影响深远的文学革命。

中国现代文学既是中华民族救亡图存、穷则思变的产物,倡导"立新破旧","立新"是对自己主张的宣扬,"破旧"是对反动派的批判;也是中国文学自身发展演变的产物,旧社会的压迫和腐朽,新世界的憧憬和改良,促进一代民众和文学家从自身出发,发动社会变革和文化转型的初衷和实践。中国现代文学的价值主要体现在以下几个方面。

1. 文学的人文属性和文化价值

(1)人文属性对文学主流的影响

现代文学中反对"文以载道"、游戏消遣人生等观念,反对将文学作为束缚人类思维的理念,"表现人生""反映时代"成为文学主潮。"五四"是一个猛烈的反传统时代,身处其中的国人,一方面身受着"由本身的矛盾或社会的缺陷所生的苦痛",另一方面又无法摆脱封建制度与礼教的藩篱,于是只能在心里幻想,将人生的缺陷掩盖。正是这种不敢面对人生的拘囿,才让现实文学借助批判的锋芒和激烈的呐喊揭示出来。

(2)对文学内容形式的改变

现代文学体现着现代民主主义、人道主义思想,充满着觉醒的时代精神。用白话文代替文言文和僵化的传统格式,吸收外国多样化的文学样式和手法,创造出既与世界文学相联结,又具有民族特色的现代文学语言与文学形式。

(3)对精神独立的影响

文学的现代化与20世纪中国发生的政治、经济、科技、军事、教育、思想、文化的全面现代化历史进程相适应,且在促进国人思想的现代化与人的现代化方面,文学更是发挥了特殊的作用。在这一时期的文学作品中,表现内容主要围绕现代化发生的历史性变动,特别是人的心灵变动,如现代化进程也是反抗帝国主义的侵略与控制、争取民族独立统一的过程。

(4)对现代化进程的影响

现代化进程中,城乡的差异、沿海与内地的不平衡,出现了现代都市与乡土中国的对峙与相互渗透,甚至对现代化本身产生了新的矛盾和困惑,这些都对现代三十年的文学产生了深刻的影响。

（5）对传统改革的影响

中国文学现代化的变革也是对旧文化的打破与改造,这与当时西方文学与东方文学的流入关系密切。中国的作家没有单纯模仿,而是将这些国外的文学作品当做培养本土文学的土壤进行改造利用,甚至变异与融化,创造出的作品既与世界文学千丝万缕,又和传统文学血脉相连。

2. 中国文学民族生活价值

（1）现代文学是属于世界的,但又必须是民族的

现代文学是由一大批优秀的文学家在探索和实验的过程中,产生了像鲁迅这样的世界和民族的现代文学大师,以及一大批各具特色的著名小说家、散文家、戏剧家、诗人、文艺理论家与批评家。他们创作的内容成为中国读者的养料,为中国与世界文学宝库增添了新的内容。

（2）在精神层面上的变革是美学观念与品格的变革

其中包括文学内容与形式、文学的俗与雅,形式的大众化与先锋化、平民化与贵族化,文学风格的时代性与个人化之类的艺术难题。从五四时期的社会、文化思潮和国民精神状况来看,经历了辛亥革命和五四运动洗礼的中国,国民思想有所改观,伴随着"启蒙主张",即用文艺改革国民精神与思想的文学主张,让现代文学更具体化,开辟了一条行之有效的文学变革之路。这不仅用文艺改造了国民精神,也让现代文学赋予着美学的观念与品格。

3. 社会生活实际价值

鲁迅曾在《十二个后记》中写道:能在杂沓的都会里看见诗者,也将在动摇的革命中看见诗。其中反映的就是中国现代文学家开始关注现实社会的结果,并赋予其作品鲜明的时代品格。现代文学在现实社会层次上强调的文学为人生,其中包含着两层意思:一是让广大民众在文学作品中了解到所揭示的社会现象,获取人生的真相;二是在现实生活的真谛中获得奋勇向前的勇气。

（四）中国当代文学

从我国当代文学发展现状可见,中国当代文学有着越来越多的成果,文学的使用价值加强、文学探索也更加深入。但是在这一发展过程中,有部分作家为了获取更大的声望,不断提升自身的影响力以及知名度,过分重视自身的利益,为了盲目地与市场需求相契合,取得庞大的市场份额,创

作出商业化、庸俗化的作品,导致文学作品创作的质量以及效率都受到了严重的负面影响。此外,在我国当代文学发展的过程中,出现了学术时尚以及"复制"等不良现象,严重脱离了当代文学发展的实际。这种现象来源于市场的需求以及过于拥挤的学术空间,因此作家就会大肆地追求功利,利用另类的方法或是抄袭行为来彰显出自身的价值。当代文学创作已经出现了实用价值越来越匮乏的现象,这一现象甚至屡见不鲜。

随着中国当代文学的发展,文学作品的层出不穷,表现了人们对美好生活的向往以及当代的社会现状。然而,中国当代文学却缺少一些直击灵魂、深入人心的优秀文学作品。所以要创作出优秀的文学作品,作者必须拥有深厚的文学素养以及丰富的人生阅历,要与实际情况相结合,针对现实生活中的问题,提出大量合理、科学的观点,从而打造出一个规范、长久的探索过程。为了创作作品,当代文学创作者还必须不断强化与研究者之间的交流、沟通,这就要求新时期文学研究者要开展深入、细致的研究以及探索。首先,文学作品研究者也必须用心,从不同角度,对当代文学创作进行感受,从而明确文学作品作者的创作意图。此外,文学作品研究者必须摆正自己的态度,抵制功利、外来商业等因素带来的诱惑,站在文学的角度上,对文学作品自身的核心价值进行客观的评价,打造出具有社会价值以及生命本质的中国当代文学作品,展现出人们对于目标生活的追求以及向往。

在我国当代文学发展的过程中,当代文学的创作数量大大加强的同时质量有所下降,甚至出现了一些不良的写作风气。为了对这些存在的问题加以改善,必须高度重视我国文学领域的拓展以及创新,对传统的文学创作习惯以及思想加以转变,涌现出更多深入内心的文学作品,使文学创作水平逐步提升。现今,我国当代文学创作呈现的商业化特征,就要求当代文学作家必须对利益诱惑进行抵制,从人们内心出发,创作出更多直击心灵的优秀文学作品。

二、网络文学与数字文学

(一)数字文学与网络文学的概念辨析

20世纪90年代,随着互联网的诞生和普及,以互联网为载体的文学悄然诞生,我国学者称之为"网络文学",但关于网络文学的界定却莫衷一是,既有将在网络上发表的各类文学称为网络文学,也有将描写网络文化、网络生活的文学称为网络文学,还有绕开网络文学定义而从外延分类上辨识网络文学,包括纸质文学电子化后在网络上传播的作品、利用电脑创作的作品以及使用多媒体电脑技术创作的超文本、多媒体作品,这些分类得到了学界基本认可。但对这些研究分析便可发现,我国学者对网络文学的研究主要指在互联网上创作、发表、传播的文学作品,而较少涉及超文本和多媒体文学作品的分析,并且这类作品在我国文学网站也不多见。相比国内研究,国外学者对超文本或多媒体文学作品研究较多,并将这一技术含量较高的文学样态称之为"数字文学",对数字文学的分类与我国对网络文学的分类比较接近,"包括印刷文学的数字化、原创文学的数字出版、应用由数字格式带来的新技术的文学创作以及网络文学四种形态"①,尤其是后两种形态正是充分运用数字媒介技术创作出的多媒体文学和超文本文学,这与我国广泛存在的一般意义上网络文学形态大相径庭,其覆盖范围更广,技术含量更高。因此,笔者认为,随着研究视野的拓展,有必要对"数字文学"和"网络文学"进行区分,如果一味使用"网络文学"的概念代替"数字文学",则在一定程度上降低了数字文学研究的广度和深度,限制了数字文学的发展,不利于数字文学合法性地位的确立。

从概念特征来看,网络文学广义上指所有通过互联网传播的文学作品;狭义上指利用网络媒介创作或者使用第三方软件在计算机上写作的文学,具有大众性、开放性、互动性、娱乐性等特征。数字文学从广义上指以数字媒介技术为介质或呈现方式的文学;从狭义上指在数字技术辅助下,进行文学创作、表达、出版、写作、传播等活动的文学形态,具有超文本性、动态性、遍历性和交互性等特征。通过对以上内涵、特征分析发现,与网络文学相比,数字文学更符合数字媒介时代新型文学样态的特征、规律,更加准确、贴切。

从发展历程来看,早在我国网络文学出现以前,国外学者就已经开始对数字文学进行研究。20世纪80年代,国外出现的文字处理器和数字桌面系统可以看成数字文学诞生的技术起点,一些作家通过超文本编辑系统——故事空间、超卡编辑器和大容量光盘存储器进行数字文学创作。其

①[芬兰]莱恩·考斯基马. 数字文学从文本到超文本及其超越[M]. 单小曦,译. 桂林:广西师范大学出版社,2011.

中，1987年，迈克尔·乔伊斯使用故事空间创作的《午后，一个故事》被认为是世界第一部超文本小说，共有539个文段、951个链接。而我国网络文学出现的时间是20世纪90年代，因此网络文学不过是全球数字文学发展链条上的重要一环。

从文本形态上看，数字文学的对象范围要大于网络文学。我国网络文学主要是在网络空间发表、传播，供网络用户浏览的文学文本，数字文学不仅包括在互联网生产传播的文学形态，还包括以计算机单机、光盘、电子书等数字媒介生产和传播的非网络化的数字文学文本和数字化的超文本文学和交互性多媒体文学。用网络文学指代数字文学，不能涵盖数字媒介化时代的数字电影、场景叙事、超链接、交互性阅读等新型文学文本，就会出现研究对象小于文学实践状况，不利于数字文学发展和学术研究。

从技术形态上看，网络文学是一种低技术性的网络化大众文学，创作者可以在专业性文学网站，也可以在贴吧、论坛等网络空间进行创作并发表，其创作依旧遵循传统印刷文学的线性生产思维，只不过电脑屏幕取代了纸张，键盘鼠标取代了笔墨，阅读者由读书转向读屏，阅读的审美体验并没有发生实质性变化，甚至还降低了审美的想象空间。数字文学则是一种高技术性文学，创作者在进行"文本单元"创作时，既可以将以二进制代码0和1为载体的"比特"转化成文字符号，也可以是声音、图片、动画与文字的多媒体融合，甚至还可以通过人工智能、虚拟现实等数字技术达到多感官审美同感。因此，技术化程度较低的网络文学不符合数字媒介时代技术含量较高的新文学样态典型，数字文学更符合文学生产实际。

（二）我国网络文学发展的基本经验

我国网络文学能取得如此成就，是网络作家刻苦创作、网络文学工作者辛勤奋斗的结果。总结起来，有以下基本经验。

1. 坚持以人民为中心确保了网络文学繁荣发展的正确方向

党的十八大以来，网络文学能够改变野蛮生长的状态，步入健康发展的轨道，根本原因是经过正确引导，开始坚持以人民为中心创作导向，坚持"二为"方向，贯彻"双百"方针，坚持创造性转化、创新性发展，自觉以建设民族的科学的大众的中华民族新文化为己任，源于人民，表现人民，服务人民，汇聚起一支庞大的作者队伍，创作出类型众多、数量巨大的文学作品，使网络文学成为人民群众喜闻乐见的新文学样式。坚持以人民为中心的创作导向,强化了网络作家的担当意识,有了传播正能量、弘扬社会主义核心价值观的自觉,从而不再只是以娱乐、游戏、消遣的心态看待网络文学,不再一味以低俗、庸俗、媚俗迎合读者,从而克服错误创作倾向,努力大力弘扬中华优秀传统文化,积极反映新的时代特征。

2. 党的十八大以来的伟大变革奠定了网络文学繁荣发展的坚实基础

党的十八大以来,中国经济、政治、文化、社会、生态文明建设取得了伟大成就,实现了伟大变革。科技的巨大进步使互联网,特别是移动互联、移动支付广泛普及,网络文学有了繁荣发展的技术基础和现实可能;深化改革,破除体制机制弊端,社会主义市场经济高速发展,使网络文学有了繁荣发展的市场基础;党的十八大以来中国人民的伟大实践,为网络文学提供了取之不尽的生动素材,使创作有了坚实的生活基础;全面小康、富裕起来的中国人民有了对文化生活的更多需求,使以付费阅读为主要经营模式的网络文学有了坚实的读者基础;新发展理念的贯彻,使网络文学高质量发展有了良好的经营环境和理论基础;积极主动的开放战略、"一带一路"倡议、构建人类命运共同体的理念,使网络文学国际传播有了政策支撑和共同的价值基础。

3. 坚持守正创新是网络文学繁荣发展的活力源泉

网络文学界坚守以人民为中心的正道,大力推进主流化、精品化,基于互联网特性,不断推动类型创新、题材创新、表达创新,强化与下游文化产业的融合联动,使网络文学持续保持生机与活力。因为守正,网络文学才明确了自身的价值和意义追求,不再把娱乐和消遣作为唯一的目标,得以明确自身的文化使命,努力表达社会的主流价值、主流文化。因为创新,网络文学得以在题材方面进行创新,开始对时代经验、时代精神做出表达,现实题材创作持续增长,在类型上进行创新,避免了类型的固化僵化,从而保持生生不息的发展动力。

4. 强化引导扶持是促进网络文学繁荣发展的关键举措

2014年文艺工作座谈会召开后,网络作家得到各方面的高度重视,从中央到地方,网络文学组织建设得到加强,中国作协网络文学中心及各级网络作协纷纷成立,在团结服务网络作家方面发挥了积极作用。多年来,各级作协组织准确掌握网络作家的基本信息和创作情况,建立网络作家跟踪管理机制,形成完备团结引导工作体系;完善联系网络作家机制,建立联系名单,广交、深交网络作家朋友,及时掌握作家队伍情况,协调解决他们创作、生活中的困难和问题,做好职称评定等工作;加强青年网络作家的发现和培养等,在行业建设中发挥主导作用。全国网络文学重点网站联席会议有近50家成员单位,在内容管理、行业自律、权益保护等方面发挥积极作用。作协组织和联席会议协同发力,形成了"全国网络文学一盘棋"的工作格局。中国作协的重点作品扶持、理论评论扶持、中国网络影响力榜及各地作协的相关活动,国家新闻出版署(国家新闻出版广电总局)等组织的多项活动,有效推动网络文学把高产量提升到高质量,用大流量传播正能量,有力推动了网络文学的主流化、精品化。

5. 遵循发展规律营造了网络文学繁荣发展的良好环境

网络文学的发展有着和传统文学不一样的特点和规律,正是因为我们尊重遵循网络文学发展规律,才为网络文学的繁荣发展提供了良好的环境。尊重文学属性,始终以文学的标准看待网络文学、尊重网络文学,网络文学才能继承传统文学的优长,在文学的宏大格局中创新发展,精神内涵和艺术品位不断提高。尊重产业属性,网络文学才能走出传统文学固有的发展模式,建立起自己的商业模式和产业生态,并构建起以网络文学IP为核心的文化产业链。尊重网络属性,网络文学才能充分发挥自身的优势,利用互联网特性形成即时性、伴随性、互动性等新特点并广泛传播,成为深受大众喜爱的新文学样式。网络属性是网络文学区别于传统文学的根本特性。随着对网络文学网络属性认识的不断深化,网络文学最终将冲破类型文学的局限,开创独属于网络文学的全新叙事手段、表现形式以及文学形态,迈上文学发展的新高峰。

网络文学的繁荣发展,在中国当代文学史、中国新文学史、中国文学史以及世界文学史上都具有重要意义。网络文学的发展形成了新的文学范式,使文学史全面进入网络新媒体语境,文学进入一个全新时代。网络文学不仅极大满足了人民群众的精神文化需求,更为世界文学发展提供了新选择,贡献了中国智慧、中国方案,为人类文化发展进步做出了重要贡献。

当然,网络文学的发展目前也出现了一些新情况、新问题。比如,"三俗"和同质化现象仍一定程度存在、行业发展遇到瓶颈、竞争加剧影响到网络文学行业生态、行业监管缺乏统筹、评论评奖有待加强、海外传播各自为战、盗版侵权打击不力、应对人工智能等高新科技挑战不充分等。这都要求对网络文学的管理引导扶持要进一步加强。作为互联网时代新兴的文学样式，在党的正确领导和各有关部门的大力推动下，网络文学一定能更好地承担新的文化使命，在文化强国建设中发挥重要作用，为建设中华民族现代文明做出更大的贡献。

（三）对数字文学未来发展的反思

数字文学是数字媒介技术与文学结合的产物，其突出特质在于以数字新技术、新媒介为导向的文学性和人文性，从这种特质出发，反观我国数字文学发展现状，我国数字文学在理论建构和产业化文学实践上进展缓慢，技术化程度远远不够，数字文学发展面临诸多困难和挑战。因此，如何充分使用数字媒介技术手段开拓文学生产空间，积极探索新的文学表达和审美可能，从而把我国的"网络文学"提升为真正意义上的"数字文学"，值得学界和业界反思。

1. 对数字文学创作难度大的反思

作家在进行文学创作时，要秉持普适性思想，即文学创作首先要面向社会大众，具有广泛性、统一性等特征。这对我国网络文学来讲，互联网提供了平民化开放平台，创造了文学面前人人平等的局面，只要创作者具备基本的文学素养并掌握电脑打字技能，就可以进行文学创作。但对于对技术操作要求比较高的数字文学来讲，由于创作过程中对文学和技术两方面的要求都很高，给创作者带来不小挑战。比如在超文本文学创作过程中，创作者不仅需要按照传统小说的写作模式完成小说的脚本创作，还需要熟练运用故事空间软件，在提供的各种地图和视图导航上快速、直接地创建、组织、修改链接，每一个链接中可以包含文本、图片和其他媒体，最终使小说在被超链接割裂、重组之后仍然通顺且富有联系，这需要作者具有严密的逻辑思维和极佳的文字驾驭能力。在进行交互性多媒体文学创作时，创作者不仅要有较强的文字功底，还要熟练掌握Flash、Photoshop、3D等动画、图像处理技术去丰富文本的表达效果，这使得一些具有较好写作能力的作家由于无力进行超文本或交互性编排而无法将构思变为实践，而具有较强超文本或交互性多媒体文学操作能力的作家不一定具有高超的文字水平，能够同时具备较好文字写作能力和技术操作能力的创作者少之又少，这也是超文本或交互性多媒体文学在国内仍然比较小众的原因，未来如何逐步实现文学与高科技的结合，使文学创作与技术操作相互融合，从而降低超文本或交互性多媒体文学创作难度,值得我们思考。

2. 对文学性与媒介技术性二律背反的反思

从文学史来看文学的发展总是和媒介载体和媒介技术相联系,从口语媒介时代的"可听文本"到印刷媒介时代的"可读文本",再到数字媒介时代的"可视文本",每一次媒介的变化都会引起文学文本形态和文学审美属性的嬗变,从而也引发人们对文学性和媒介技术性的反思。文学性是使作品成为文学作品的东西,包括作家运用的手法和构造原则。

数字媒介时代,文学性正让渡媒介技术性,媒介技术性所建构的"后人类"景观挑战了文学作为"人学"的审美基调,使文学呈现技术化倾向。面对数字媒介时代文学性地位的边缘化,美国文学批评家米勒在一次演讲中阐述了"文学即将终结"的论断,即数字媒介技术改变了文学存在的前提,抽离了文学的本性,吞噬了文学的审美品格,导致文学"异化",影响文学的生存。相较于"文学终结论"的悲观看法,我国学者童庆炳教授认为,"文学具有审美性、语言性和情感性,只要语言、审美、人类情感不消失,文学就不会终结"[①]。

文学性与媒介技术性作为数字媒介时代文学的一体两面,不应该用二元对立的眼光审视两者之间的关系,而应秉承王国维"凡一代有一代之文学"的忠告,用辩证、发展的眼光看待数字文学场域发生的一切,从而做出正确的价值判断。一方面要肯定媒介技术性的意义和价值,文学的发展离不开技术支撑,媒介技术拓展了文学性所在的文学场域,使文学存在样式多元化。另一方面也不能厚此薄彼,如果过多强调媒介技术性,就会造成媒介技术僭越文学生产的主导权。文学始终是人类精神活动的产物,文学的命意高于技术,数字媒介技术只是一种手段,承载着文学的人文价值和审美的精神家园,不能盲目崇拜技术,而应该借助数字媒介技术提升文学作品的质量和水平。

3. 对数字文学阅读普适性的反思

根据第二十次全国国民阅读调查结果数据,我国成年人数字化阅读接触率最高的是中青年群体,而老年群体数字化阅读接触率虽然较2021年有所增长,但仍然占比较低。可见,老年群体在接纳数字设备与融入互联网

①童庆炳.文学独特审美场域与文学人口——与文学终结论者对话[J].文艺争鸣,2005(03):69-74.

生活上存在诸多困难,数字化信息意识相对薄弱,数字信息素养较低,在一定程度上限制了他们活动参与程度、活动空间范围及文本选择范围。其实,数字文学阅读对老年群体大有可为,数字文学可以利用数字技术解决老年群体的阅读障碍,通过其丰富的表现形式吸引老年群体关注。比如,对于视觉困难的老年群体,可以通过有声阅读形式,降低读书难度,也可以通过数字前沿技术发展沉浸式、体验式阅读,激发阅读兴趣。因此,如何培养老年群体数字化阅读意识,消除数字化阅读障碍,提高数字文学阅读的普适性,是我们未来需要关注和反思的问题。

另外,我国数字化阅读的文学形态主要是纸质图书的电子化和在互联网上创作的网络文学,对超文本或交互性多媒体文学的阅读因为受阅读习惯、技术及费用影响,读者数量较少。就阅读习惯而言,超文本或交互性多媒体文学的文本结构如同迷宫一般,不符合读者以往阅读习惯,不像阅读传统文学或者网络文学一样轻松自由,需要读者具备超文本阅读理解的技能,阅读行为就成了一种"遍历"行为(强调读者在阅读时需要付出额外的非常规努力,以穷尽文本的各种可能性),这在很大程度上给读者阅读带来不适,排斥了一大部分读者。就经济成本和便捷性而言,读者在阅读超文本或交互性多媒体文学作品之前,需要购买存储有这些作品的CD或U盘,或者需要在专业网站付费阅读,而且价格相对比较昂贵。同时这些作品尚未在移动端普及,而数字化阅读的主要媒介是依托以手机为代表的移动终端。因此,数字文学阅读作为一种体现后现代主义思维的阅读方式,面对以上难题,仍将有很长的路要走。

总之,数字文学在语言表达、精神情怀以及文学经典塑造等方面的变化,都是文学与新技术、新文学观念、新审美心理等因素相互碰撞的结果,尽管有些变化颠覆了人们对传统文学乃至我国网络文学的常规理解,但从文学发展大方向来看,这些都是为适应新的时代、新的精神需求所进行的大胆探索。未来,数字文学发展应在数字人文的理论框架下,兼顾"媒介性"与"文学性",不仅运用数字文学理念研究传统美学命题,也要运用传统美学理念研究数字文学命题,寻找文学与技术的契合点,探究文学意义、文学新知、文学精神,使数字媒介空间担负起文学本有的"文以载道"的神圣使命与精神诉求,打造数字文学的诗意空间。

第二节 文学素养

一、文学素养的含义

文学素养是一种内在层面上的修养,是人类在长期积累的过程中得到的,是在文字表达形式、写作技巧以及艺术创作等领域中的学习涵养。文学素养是人文素养的重要组成部分。"人文素养"包括"人文"和"素养"两方面的内容,"人文"指的是人文科学,如文学、历史、哲学、政治学等;"素养"则由能力要素和精神要素共同组合而成①。简要概之,人文素养一方面包括文史哲等基础知识;另一方面也包括艺术鉴赏、道德修养、社交礼仪、语言表达等多元内容。人文素养是学生形成良好的业务能力、思想道德品质和身心健康素质的重要基础,它对形成学生的知识结构、文化涵养、审美修养、思维创造等都有重要意义。

文学素养是人文素养领域当中不可或缺的构成成分,是一个人在文学领域当中的底蕴和修养。也可以说,文学素养实际上是一种可以对个人内在心境和外在行为造成影响的感受认知能力。

曹雪芹通过描述贾、史、薛、王四大家族的兴衰和宝黛之恋,向读者阐述了封建制度的腐朽,以及封建社会当中各个阶层的人对自由爱情的追寻。罗贯中《水浒传》通过阐述各个枭雄之间的"恶斗",让读者可以逐渐对人性形成较为深入的认识。雨果在《巴黎圣母院》当中通过描述善良美丽的少女爱斯美拉达,残忍虚伪的圣母院副主教克洛德·弗罗洛以及外表丑陋、内心崇高的敲钟人卡西莫多这三个主要人物的悲剧,将封建王权和教会势力对善良且无辜人员的残害呈现在人们的眼前。艾米莉·勃朗特著述的《呼啸山庄》通过将弃儿希斯克利夫对庄园小姐凯瑟琳真实的"爱慕"和"扭曲了的报复"进行描述,将人性的反复无常充分地呈现在人们的眼前。但是,这些"东西"并不是所有人在读书之后就可以看见,而是需要一定的理解能力、感悟能力和洞察能力,这也是在培养文学素养的过程中较为重要的一项内容。

---

①王黎芳. 浅谈辅导员在医学生人文素养教育中的作用[J]. 科教文汇(上旬刊),2013(25):35+39.

　　我国学者,如朱光潜、何其芳,对文学的含义有着独到的理解。站在他们的视角上,有关"文学素养"的论述,是需要将读者已经认识到"什么是文学"或者"什么是文学作品"充当前提条件的。以此为基础,二者重视"读者对文学的态度"以及"阅读鉴赏能力"。具体来说,他们认为,"文学素养"当中包含四个方面的内容:①明白什么才是作品。②了解对文学的态度。③在阅读数量众多的作品的基础上形成一定的鉴赏能力。④在经常阅读作品的情况之下对人的人性、人情以及人道形成一定的了解和感悟。

　　综上所述,文学素养其实就是人们在长期阅读和学习文学作品这种文学实践活动过程中,培养并发展起来的文学领域当中的一种学识性修养和综合能力。它将具备一定的文学能力作为前提条件,将"文学感受"和"文学情趣"放在核心地位,与此同时也包含对作品、文学史以及文学理论等领域中的知识沉淀,最终的反应是从人的人性、人情和人道上得到直观感受。

二、文学素养的基本内容

　　简单来说,文学素养主要包含四个层面上的基本内容:文字能力、文学感觉、文学情趣以及文学熏陶。

　　1. 文字能力

　　具体来说,文字能力就是对文字文义可以准确地掌握和应用,它要求相关的人员应当具备一定的语言表达能力以及准确的话语理解能力。假如想要得到比较准确的意思表达以及词语理解能力的话,那么一定需要对最为基本的语法知识和文字表达能力形成一定的认识。我国古代,文人墨客们创作文章时重视的是"炼"这一个字,经常会为了选择一个字而苦思冥想,从而诞生了"语不惊人死不休"的说法。上文提及的这种"炼"字,也就是指培养一个人的文字表达能力。

　　掌握最为基本的语法知识,是提升文字表达能力的重要前提条件和基础之一。文学语言本身具备一定的多义性和暗喻性。同一种语言符号当中有可能包含各种类型的意境。巴金的作品《灯》当中,"灯"这一个词语的意义,不单单指的是通常情况之下理解的"灯"这个物品,也有"光明、温暖以及希望"等多种内在层面上的含义,这一个字在作品当中有着极为浓厚的象征性意味。所以想要对作品形成较为深入的认识,并使自身的文学素养得到一定的提升,并不单单是对文字文义形成较为准确的认识,也应当将个人的"文学想象力"充分地发挥出来。在这里所说的"文学想象力",可以划分为读者的想象力和作者的想象力。读者的想象力,就是读者阅读作品的过程中对作品本身蕴含的语言拓展性的理解能力,读者通过作者的语言表达,对作品的各个细节和作品本身展现出来的独特世界形成一定理解的能力。而作者的文学想象力,是作者对作品当中蕴含着的一个个细节的展现能力以及表达能力。实际上,不管是读者的文学想象力还是作者的文学想象力,都是在对语言加以一定运用的基础上,将文学细节展现在眼前,并完成一系列复杂创作的过程。针对这点来说,培养文学想象力是提升文字表达能力的过程中采取的一种比较有效的措施。

2. 文学感觉

文学感觉其实也就是文学范畴内的审美素养,是将文学和哲学、历史和宗教等学科区分开来的一个重要因素。文学本身具备一定的审美意义,隶属于"美"所包含的范围。其本身具备的最为重要的社会功能就是让人们的审美需求得到满足。一方面,审美当中浸透了意识形态;另一方面,意识形态可以通过审美表达出来。上文中所说的相互浸染和相互渗透的过程中就是"文学感觉",就好像是何其芳所说的"对文学意识的敏感",朱光潜所说的"诗的境界是用直觉见出来的"。

文学的美当中包含形象美、社会美以及朦胧美,它是人与世界在情感上的沟通和交流。在文学作品当中,语言符号不应被当成是过路的桥梁,而应当被当成是文学的本体。作为一种审美领域当中的意识形态,文学最为基本的功能就是审美作用。这种审美功能的表现是文学作品的艺术感染力。文学作品通过对对象进行艺术描写,构建出完美的艺术形象,以便将作者较为丰富的感情和深邃的思想呈现出来,在此基础之上,来为读者建构一种完美的审美感受。我国古代就有很多作家对这个问题形成了较为深入的认识。比方说在《与元九书》当中,白居易就曾经提及"感人心者,莫先乎情,莫始于言,莫切乎声,莫深乎义",体现出来的是,诗的作用在于首先将人心感动。近代大儒梁启超在谈论小说为什么可以产生各种类型的作用时,指出小说具备熏、浸、刺、提四种力量,其实就是小说的艺术感染力。西方学者,比方说马克思曾经提及,"艺术对象创造出懂得艺术并且能够欣赏美的大众",也说过"假如说你想要得到艺术的享受,那么本身一定需要是一个具备艺术修养的人",这两句话较为明确地指出文学艺术可以培养人们的审美能力,并给予一定的艺术享受。

3. 文学情趣

情趣这一个词语的含义是"兴趣志趣、情调趣味",也就是人们日常生活当中经常提及的"趣味",它的含义是"让人愉快、让人感觉到比较有意思,有吸引力的"。文学情趣指的其实就是对文学作品的爱好。这是一种极为强烈的阅读兴趣和阅读渴望。在阅读的过程中表现出来的是高度的专注力和痴迷,甚至在某些情况之下展现出来一种手不释卷的态势。这种对文学的喜好,仅仅就是一种喜欢而已,并不会在乎什么利益。文学情趣不仅是文学素养领域当中包含的较为重要的一项内容之外,也是文学素养不断得到发展的原动力。只有热爱文学的人,才会投入大量的时间、精力和专注力来完成文学作品创作,并在这个过程当中感受到一定的乐趣,在潜移默化当中,不断地来让自身的文学素养水平提升。从另外一个层面上对问题进行分析,文学情趣其实也是一种对文学艺术价值水平高低的判断力、鉴别力,常表现为一个人对某种文学体裁以及风格的爱好。

4. 文学熏陶

文学素养的养成绝不是一朝一夕可以速成的,一定是需要经过长期的、定量的文学熏陶和艺术感染的,没有办法"急功近利"或者"速成"。文学创作其实是文学艺术家的精神活动,作者本身可以在自由的心境当中,较为充分地将艺术想象力发挥出来,并构建出虚拟的艺术世界,将自身对人生和世界的理解和憧憬表达出来,逐步找寻出可以寄托心灵的精神家园。读者则从中汲取养分,熏陶自己。优秀的文学作品一般可以让读者在阅读的过程中产生一定精神层面上的共鸣,并供读者思考,潜移默化地将真善美等思想传授给读者。例如,小说《钢铁是怎样炼成的》中的主人公保尔·柯察金不畏艰苦、勇往直前的大无畏精神,激励一代又一代的有志青年将自己的理想实现。老舍先生创作出来的《骆驼祥子》,通过阐述一个洋车夫的艰苦历程,描绘出来了旧社会怎样将一个自食其力的好青年由表及里地摧毁的过程。小说痛斥压迫人民的无德之人,并将黑暗的旧社会对淳朴善良的劳动者的剥削和压迫呈现在读者的眼前,声泪俱下地控诉了旧社会是怎样将一个人变成鬼的过程,从而也就可以激发起相关人士对劳动人民的深切关怀。

第三节 大学生特点分析

一、大学生的群体特点

现阶段大学生成长于中国经济社会高速发展的时代,同时也是世界经济、政治、科技快速发展变革的时代。在他们的成长过程中,物质条件较为丰富、社会文化价值观念复杂多元、人工智能技术发展迅速、教育质量和水平不断提升。可以说,现阶段大学生既享受了社会发展带来的福利,也承受了前所未有的压力和挑战,因此他们具有独特的群体特点。

(一)积极向上的人生态度

积极向上是大学生群体最鲜明的标签,大学生追求积极向上的人生态度。即使还没有进入大学,他们就已经积极参加各类志愿服务工作,为社会贡献自己的力量。大学生的积极向上还体现为他们敢于对未来说"不"。在哔哩哔哩网站的五四青年节专题视频《我不想做这样的人》中,他们说出了自己的心声,他们不想做不爱国的人、不想做隐身的人、不想做没有同情心的人,而想做一个为国家、为社会、为他人、为自己努力奋斗的人。在具体行动上,他们积极应对各方面的挑战,努力成为最好的自己。新一代大学生已经成为全面推进中华民族伟大复兴进程中一股充满生机和活力的青春力量,在自身茁壮成长的同时,积极为社会主义现代化建设贡献自己的力量。

(二)个性张扬的情感表达

个性张扬是大学生的又一显著特点。在各类新媒体的影响下,以及家长对个性化发展的鼓励,新一代的大学生明显更加具有个性。比如,"抢占C位的年轻人"是他们给社会的突出印象。他们希望被关注、被聚焦,他们期望与教师平等交流,充分表达自己的想法,不想单方面接受来自师长的观念灌输和知识教育,认为个性追求是非常重要的。比如,在QQ空间、微信朋友圈等,新一代大学生经常更换个性签名、更新空间动态,以分享自己的心事。在抖音平台,新一代大学生积极做短视频的弄潮儿,拍摄各类视频以获得更多的关注和点赞,他们觉得这样能够更好地展示自我。在个性张扬的背后,也折射出部分他们相对脆弱空虚的情感状态。在各类电子产品陪伴下长大的他们,如果缺乏父母和同龄人的陪伴,容易产生叛逆、无助、空虚等情感问题。新一代大学生在遇到问题时,喜欢求助于网络社交媒体而非父母、亲戚、周围的朋友,表明他们的情感表达方式更依赖网络虚拟空间。

(三)数字赋能的学习方式

新一代大学生运用数字技术进行学习的能力更强。作为真正在互联网空间成长起来的一代,他们还被称为"屏一代",他们熟练使用智能手机、平板电脑等电子设备,能够运用这些智能工具自主学习。这表现在:在学习方式上,新一代大学生更青睐在线学习,他们能够熟练操控各类在线学习APP软件,甚至还能开发这些软件的聊天、娱乐功能,用于与同学在线互动交流。由于习惯于在线学习,学习消费支出成为他们最多的消费支出,占总支出的26.2%。在学习内容上,新一代大学生不满足于学习学校要求的知识。虽然他们普遍认为学业压力很大,但他们还是热衷于通过数字技术学习更多的知识和技术。比如,编程知识、短视频拍摄剪辑技术等是新一代大学生学习的重要内容。他们认为,学习更多的技能才能在未来激烈的社会竞争中有立足之地。在学习能力上,新一代大学生运用数字技术进行学习的能力明显更为突出。

(四)突破传统的生存状态

数字化生存成为新一代大学生的一种重要生活状态。调查显示,72.0%的新一代大学生受访者选择空闲时宅在家里。宅在家里的他们并非无所事事,而是使用数字平台写作业、打游戏、看视频和做设计。也就是说,新一代大学生习惯于数字化的生活状态,他们空闲的时间多是在数字空间度过的。在文化消费上,他们有自己独特的数字文化与现实世界文化相融合的文化消费取向。比如,新一代大学生喜欢"三坑文化",即汉服、JK制服、Lolita洋装,他们将大量的精力和金钱用于"三坑"产品消费,并在抖音等视频平台分享自己的"三坑"服装秀。他们还喜欢推理文化、二次元文化等,他们能够很快把线上的流行文化转移到线下,以线上线下相结合的方式进行文化消费。在偶像崇拜和产品消费上,新一代大学生也有自己的见解。他们固然热衷于"爱豆""饭圈",但是他们对于偶像的崇拜更加理性,可以说是"始于颜值、忠于人品"。在产品消费上,他们开始转向国产品牌手机,如华为、OPPO等。可以说,新一代大学生突破了传统的生活方式,用自己的理性、热爱、努力形成了独特的数字时代的生存状态。

(五)直面挑战的创新精神

在"卷文化"下成长起来的新一代大学生,并不惧怕时代给予的挑战,而是直面挑战,用勇敢、奋斗和创新来应对各种挑战。作为与互联网一起成长起来的一代,他们把来自智能手机和平板电脑的各种APP平台作业的压力转化为修炼成"学习区网红"的动力。他们既善于在各类APP平台上高质量完成作业,又能够解锁各类APP平台的娱乐、学习"新姿势",他们善于使用这些平台进行创造,也能够充分使用这些平台进行个人作品创意的推广和展示。也就是说,新一代大学生把原本的作业平台变成了创新平台、展示平台。热爱创作是新一代大学生群体的一个显著特点。写网络小说、给名著插图、创作音乐、拍摄剪辑短视频等,甚至是写字、画画,他们都尝试原创。他们善于使用新媒体、新技术把自己的特长用作品展示出来;他们的创造并不拘泥于社会、他人的眼光,而是用自己独特的方式去解读事物、创作新作品。从总体上看,新一代大学生积极应对新技术、新媒体带来的挑战,用朝气和活力应对复杂多变的社会环境,善于利用新平台、新技术和复杂多变社会环境中的有利因素,从中找到自己的兴趣点,大胆进行创新创造,赋予自己的人生更加美好和积极的意义。

二、大学生心理特点

(一)学业压力与焦虑

大学生面临着日益增加的学业压力,这是其心理健康的重要特点之一。学业要求的增加、竞争压力的加剧以及未来就业的不确定性,都给大学生带来了巨大的压力,这种学业压力往往导致他们感到焦虑和不安。学业压力可能来自课业负担的增加,大学课程的难度和数量通常较高,需要大量时间和精力进行学习和准备,同时考试和作业的压力也使得大学生感到紧张和焦虑。随着社会竞争的激烈化,大学生对于就业的担忧与日俱增,担心找不到理想的工作或者面临就业困难的压力,增加了他们的焦虑程度。学业压力对大学生心理健康产生了诸多负面影响,持续的压力和焦虑可能导致情绪波动、注意力不集中、睡眠问题以及身体不适等,严重的情况下,学业压力可能引发抑郁和焦虑症状,甚至导致心理健康问题的加重。为了应对学业压力与焦虑,大学生需要合理规划学习时间、制定明确的目标、寻求支持和帮助、培养良好的自我调节能力以及寻找适合自己的放松和缓解压力的方式。高校和思政教育部门也应提供心理健康支持服务,开展有针对性的心理辅导和教育活动,帮助大学生有效应对学业压力与焦虑,促进他们的心理健康发展。

(二)人际关系与孤独感

大学生常常需要适应新的社交圈子和交友环境,他们来自不同地区、不同背景的家庭,面对来自各个方面的同学和室友。这种多元化的社交环境可能给大学生带来适应困难和人际关系冲突,他们可能感到孤立、不被理解或者难以融入新的社交群体。而社交技巧的不足、人际交往的不熟练以及自我认知的不清晰,都可能导致他们与他人的交流存在困难,这可能引发情感上的痛苦和社交焦虑,进而影响他们的心理健康。另外,大学生也面临孤独感的问题,远离家人和熟悉的朋友圈,他们可能感到孤独和思乡。孤独感可能导致情绪低落、自尊心下降和心理健康问题的加剧,同时困扰着人际关系的问题可能引发社交焦虑和抑郁等心理疾病。为了应对人际关系问题和孤独感,大学生可以积极主动地参与校园活动、加入社团组织,拓展自己的社交圈子,同时培养积极的社交技巧和沟通能力,增强自信心,有助于改善人际关系和减轻孤独感。高校可以提供社交培训和支持服务,帮助大学生建立健康的人际关系,提供情感支持和交流平台,减轻孤独感的程度,促进大学生的心理健康发展[①]。

(三)身份认同与自我探索

大学生经历着从高中生到成年人的过渡阶段,他们需要重新思考和建立自己的身份认同,他们面临选择专业、职业、价值观和生活方式等方面的重要决策。大学生常常面临自我认知和自我观念的重塑,他们开始反思自己的兴趣、能力、价值观和个人目标,以及对自己的认知和了解,这个过程中可能伴随着对自我价值的质疑、自我形象的调整和自我发展的探索。大学生也面临来自社会、家庭和同龄人的期望和压力,他们可能受到社会角色、家庭期望和同辈关系的影响,从而在身份认同和自我探索中感到困惑

---

①陶莹莹.新时代背景下大学生心理健康特点探析[J].才智,2023(06):150-152.

和压力。积极的身份建构和自我认知有助于培养自信心、提高自尊感,促进心理健康的发展,因此,大学生应该鼓励积极参与各种活动和经历,培养多元化的兴趣和能力,拓宽自己的视野和经验,高校也可以通过提供心理咨询和辅导服务,支持大学生在身份认同和自我探索中的成长,帮助他们建立积极健康的自我认知和身份认同,实现心理健康的全面发展。

三、大学生学习特点

大学生学习是指大学生正规而系统地获得知识(基础知识和专业知识)和实践能力的过程。大学生的学习具有人类学习的普遍特征,但因大学的特殊性质,大学生的学习又具有自身独特的特点。具体来讲,大学生的学习具有以下特点:

(一)自主性

大学学习与中学学习截然不同的特点是依赖性的减少、自觉性的增强。它是与中学被动学习、"座学"相对而存在的一种主动学习、自觉学习。大学生不再是等待教师传授知识的容器,而是学习的主体,是学习的主人公。因此,自主性是大学生学习的首要特征。自主学习要求学习者有学习的愿望和需求,能根据自己的需要和特点制定学习计划,明确学习内容,知道为什么学,学什么,怎样学,达到什么效果。大学生除了要学习基础知识外,还要掌握各种专门知识,成为某学科的专门人才。这就要求大学生必须善于自觉地、主动地学习。同时,大学生可以根据自己的兴趣和爱好选择自己感兴趣的选修课程,独立地阅读各种书籍,制定学习计划,采取适宜的学习方法,也体现出较大的自主性。

(二)专业性

根据我国现行的教育管理体制,大学生在入学之前或入学之初,专业的选择就已经基本确定,其培养也都是围绕不同的专业方向来组织和安排的。高等教育相对于基础教育来讲是专业教育,是为社会各界培养各级各类的专门人才。大学学习是一种学习专业、完成职业准备的活动。因此,专业性是大学生学习的显著特点之一,也是高等教育区别于基础教育的根本特点。大学的教育目标、培养方案、课程结构、教学内容、教学实践等都是以专业进行建构的,所有的教育教学活动都是围绕专业展开的,专业性贯穿于大学教与学的始终。

(三)合作性

大学是一个学术共同体,是教师和学生共同追求、创造知识和价值观的共同体。大学的特殊性质决定了大学生的学习也具有合作性这一特点。大学生的"学习不应只是个人的事情。作为一种社会经验,需要与他人共同学习,以及通过与同伴和教师进行讨论及辩论的方式来学习"。大学阶段知识的学习较中学更具开放性、整合性、复杂性和专业性,知识的不确定性、理解性和生成性越发明显。因此,当代大学生应转变中学时代所持有的旨在获得和积累知识、技能的被保罗·弗莱雷称为"储蓄式"的学习观,积极变革学习方式,由以往接受、被动、独立的学习方式向协同、对话、合作的学习方式转变,进而建立开放、互助、共享的"学习共同体",以更好地适应大学的学习特点,最终实现学习能力的提高。

(四)开放性

蔡元培早在改革北京大学时就倡导"思想自由,兼容并包"的办学原则,指出"大学者,'囊括大典,网罗众家'之学府也"。开放性成为现代大学教育的一大特征,同时又是现代大学学习的一大特点。大学学习的内容是多方面的,它不局限于教学计划所规定的范围,注重知识量的积累、知识面的扩展、学科前沿动态的把握以及学生核心素养的培养。随着网络技术的发展和"互联网+"的兴起,大学课堂也发生了根本性的变化,由原来的有限空间转向无限,固定时间、固定空间的教学方式也逐渐被生活化学习、网络化学习、个性化学习所替代。

第四节 大学生文学素养现状

一、加强培养大学生文学素养的重要性

(一)完善和提高大学生个人能力

1. 有利于大学生个人素质内涵的提升

中国的文化底蕴深厚,各朝各代诗人作家在创作时将自己的思想情感、心愿抱负融入文集中,彰显出作者的文学素养。这是一笔珍贵的精神

财富,对塑造大学生的文学素养有着十分重要的意义,值得大学生用心品读。著名学者南怀瑾先生曾讲到,如果一个人除去拥有的钱财衣物以及先天获得的容貌身材,那么剩下便是个人自身的素养内涵了,所以要重视对大学生素质人格的培养。提升大学生文学素养,不仅可以培养自身人文修养和文化内涵,也能陶冶高尚的人格情操,放松身心,使情感境界获得升华,每与他人交流时,言谈举止间会透露出个人优秀的文学素养和美好的精神风貌。从价值取向性角度看,优秀的文学素养是人们不可或缺的一部分,它指引着大学生去思考文学价值的意义,也会让学生自身向着更完美的人格发展。

2. 有利于增强大学生文化自觉文化自信

文化是民族之魂,尊重认同中华文化是大学生的基本要求,在世界文化多元化大背景下,大学生的文化认同感易受到各类思想浪潮的影响,造成文化自觉和自信的缺失。大力培育和弘扬社会主义核心价值观是我们凝魂聚气、强基固本的基础工程,文化自信是我国道路自信、理论自信、制度自信的根本基础,是更基础、更广泛、更深厚的自信。大学生正处于人生观和价值观的培育期,是凝聚国家文化自觉和自信的关键者,要求将个人文学素养和社会国家发展相结合,努力提升国家软实力,增强社会主义文化责任感,同时也能提高大学生的爱国、爱社会情怀,对提升中华民族向心力、凝聚力起到积极作用。

3. 有利于大学生语言表达能力和人际交往能力的提升

语言是文学的载体,人类用语言交换信息,分享经验,语言是人们进行交流情感和思想的工具,不论是学习工作还是娱乐生活,都离不开言语表达。表达能力是由口头语言表达能力和大脑思维运转能力决定的,而提高语言表达运用能力可以通过文学素养培养来完成。大学生的文学素养影响着他们在语言评论等方面的能力,有良好的文学素养,可在人际交往中获得优势,顺利流畅地与他人沟通,语意表达精准无误,更好地利用文学艺术传达情意。大学生在对文学作品进行阅读欣赏时,可以注重学习反复推敲文章中语言文字运用技巧。文学作品词汇量大,不同文章有不同的文学词汇描述、不同的题材文集、不同的写作表达手法,学生不断为自己收集素材,增加语感,锻炼自己语意表达能力,快速提高语言能力,更娴熟地表达自己的情感、想法与观点。

4. 有利于大学生创新和写作能力的提升

文学素养的提升带动着创新写作能力的提升。创新是当今时代发展的大主题,是国家不断进步的最大动力,良好的文学素养,有助于诱发大学生的创新创造灵感,激发大学生自身的想象力,丰富形象思维。著名科学家钱学森讲过,优秀的创新力会在不同学科思维方式和知识交织中产生。在大学阶段,学生不论是做科学研究,还是进行论文分析,都离不开自身的创新能力和写作能力。大学生在阅览优秀文学作品时能够增强自身的思维逻辑感,使自己的认知写作力和文学想象力得到提升,探究问题更优化,同时有助于大学生在校甚至在就业上岗时面对学术分析、报告汇总等工作处理起得更加得心应手,让学术著作有理有据,规范易懂。

(二)国家对大学生培养的硬性教育要求

随着我国教育的不断改革和创新,国家在培育高新精尖大学生人才的专业技术的同时,也注重培养他们的文学素养和价值观导向,要求大学生多品味蹙金结绣的文学作品,多感受文人墨客的诗书意气,多学习运用精准的锦词秀句。不仅仅是文科生需要加强文学艺术的修养,理工科学生也应该注重这方面的锻炼,良好的文学素养对大学生优质的综合素质形成有着举足轻重的作用,让当代大学生成为有高超技艺、有思想内涵的社会栋梁,能够为国家挑起重担。

二、大学生的文学素养缺失的体现

大学生文学素养的缺失主要体现在以下几个方面。

(一)文学知识欠缺

目前的大学生文学素养缺失的主要原因是阅读量较少,大部分的大学生都沉浸在电视剧、娱乐方面,很少有时间去阅读。一些大学生不能说出四书有哪四书,不知道四大名著的作者是谁,这些都是最典型的文学实例,却只有很少的大学生知道。这都表明当前大学生的文学素养严重缺失。因为大学生的阅读量过少,即使有的大学生喜爱阅读,但也只是走马观花而没有对经典内容进行深入的研读,这样根本不会体会出文章所要表达出的思想感情,从而不利于提高大学生的文学素养。另外,有学者通过调查发现,大学生阅读文学作品的途径早已发生巨大变革,从纸质书籍转变为网络媒介①。这意味着仅靠传统的阅读方式已经不能满足当代大学生的阅读需求，我国高校必须主动出击迎接挑战，进行新一轮的校园文化环境创设大变革。

(二)写作能力较差

因为大学生对于文学作品的阅读量非常少，对于一些文章不能体会和领悟出其深刻的含义，所以在写作方面缺乏诗意和客观科学的写作方法，使得大学生的写作能力较弱。由于信息技术的迅速发展，大学生查阅资料只要运用信息技术软件就可以解决，甚至有的大学生在完成作业时也会利用信息技术去抄袭，以致失去自己的见解和创新能力，导致写作能力逐渐下降。甚至一些大学生的文章不是存在语法方面的错误，就是句子不通顺，缺乏文学方面的美感，这些都需要加以改正，需要提高学生的阅读量和阅读能力。

(三)人文精神衰落

不管是我国的名著还是国外的名著，都有着共同的特征，那就是人文价值和人文关怀，我们能够从阅读名著中体会到当时时代的人文精神，例如我国著名的文学作品《孔雀东南飞》，其中要表达的是纯真爱情，人对真爱的追求，但是现在大部分大学生的恋爱观都会受到多方面因素的影响，包括物质与功利等，这些都是人文精神衰落的直接表现，传统的人文素养已经被现代人的思想和观念扭曲了，形成了不正确的人生价值观，这些都会直接影响大学生未来的人生发展。

三、目前大学生文学素养缺失的原因

(一)大学校园没有具备正确的办学理念

培养大学生文学素养是非常重要的工作任务，关系着大学生能否树立正确的世界观、人生观、价值观，但是目前大学校园在培养学生文学素质工作中没有具备正确的办学理念，有些学校把教育事业作为一种赚钱工具，即使没有具备完善的教学设施和理念就开展了教学活动，实行了招生活动，使得在教学中只是一味地培养学生，理论大于实践，学生只是盲目地学习、找工作，而忽视了文学素养的养成，大学校园里最热门的专业就是金

---

① 谢爱华,张栋贤.论高校学生文学素养教育的现状和途径[J].语文建设,2013(09)：70-71.

融、会计、市场营销,这些专业在开课过程中和文学素养一点联系都没有,不能培养学生的文学素养,忽视了德育教育。

(二)学生存在严重的功利心态

有些大学生存在严重的功利心,心思没有放在学习上,在大学期间就想着找个好工作,打工赚钱,而忽视了对经典作品的阅读和欣赏,即使有的学生在大学期间努力学习了,但是目标却是毕业后能够顺利拿到学位证,其他的都不重要,这些都导致学生在盲目、没有目标地学习,没有达到理想的学习状态,这样非常不利于学生养成优秀的文学素养,很多学生认为文学作品是无用的,因为学习会计,毕业后可以找个会计工作,学习市场营销,毕业后可以做销售,而如果学习文学知识,毕业后不一定能做一个作家,所以很多学生因为功利心很少把心思放在文学作品欣赏上,这就严重阻碍了大学生文学素养的发展。

第三章 大学语文教学与文学素养培育概述

第一节 大学语文教学与文学素养培育的关系

在厘清大学语文教学与文学素养培育的关系之前,我们需要先弄清楚语文教育、语言教育、文学教育之间的关系。

语文是语言和文化的简称,在一定程度上,语文是包含文学的,而文学教育是一种人化的教育,它与语文教育密不可分。靳健在《现代语文教育学》中明确地说明了文学教育是语文教育的一个重要分支,文学教育从属于语文教育[①]。语文教育的目标是培养学生的文学素养,包括语言运用能力和文学鉴赏能力,给学生的不同发展倾向提供更大的学习空间,让他们在语文学习中学习民族文化、民族品质,认识自然、社会和人生,为学生将来的生存和发展打下良好的基础。在这一过程中,文学教育承担着特殊而又十分重要的任务。其次,文学教育对大学生的思想感情发展具有促进作用。文学表现人的本性、道德、生活,可以说,文学就是人学。文学创设了陶冶情操、完善人性的艺术环境,帮助学生认识自然和人生的天地,感受生活中的真、善、美,促进大学生思维的发展。文学作品中的"空白"激发学生主动创造;文学作品的语言富有感染力和表现力,能滋养学生的语言能力。文学作品是理想的母语教育范文,它的语言规范、优美。世界上几乎各个国家的母语教学都采用优秀的文学作品,我国也是这样,一百多年来,文学作品被选入语文课本,占据语文课本的半壁江山。由此看来,语文要想发展,必须重视文学教育的发展。

文学教育与语文教育是有差异的,主要体现在教育目标和教育内容不同。从教育目标来看,培养学生听说读写的能力,满足日常生活和学习工

---

① 靳健. 现代语文教育学[M]. 兰州:甘肃教育出版社,2011.

作的需要,这是语文教育的基本目标;而文学教育的目标是培养学生的语言感受能力、审美能力等。从教育内容来看,语文教育培养学生运用言语的基本能力,凭借语文教材中的选文对学生进行培养,学生学习与选文相关的听、说、读、写知识而非选文的内容,选文起的是凭借的作用。而文学教育凭借作品学习作品,要学习作品的内容,包括对主要内容及人物形象的学习,感受作品的情感,体会作品的美感,进而陶冶情操,此时的选文是学习的对象,而不是凭借。除了学习作品的内容,还要学习作品的形式,包括与作品相关的知识,这种相关知识是理解和运用语言所需的知识和技能等。这里的作品是教育过程中的手段,而选文是凭借。虽说语文教育和文学教育关系密切,但二者并不相等。文学教育内容和语文教育内容有不少重叠的地方,文学教育承担着语文教育的部分任务而非全部任务,语文教育承担着多重任务,文学教育被包含在内。

作为语文教育的内容的两个部分,语言教育和文学教育不能相互取代。语言能力的提高在语文教育中排在第一位。语言教育的任务,是使学生理解、运用语言的规律,正确地说和写;通过语言教学,培养学生热爱祖国语言文字的习惯,激发学生为祖国语言的完美发展而努力奋斗;文学教育的任务,是使学生通过文学作品了解人生,体验人物命运的痛苦与幸福,感受特定的时代的特色,从而引起对文学的浓厚兴趣和爱好。语文教育中,文学教育与语言教育不是对立相反的,而是互为前提,相辅相成的。语言教育是文学教育的基础,只有读懂语言才能学习文学。值得注意的是,文学教育不能完全依附于语言教育,因为文学教育的目标与内容比语言教育的范围更加广泛。

对大学生文学素养的培育是建立在文学作品之上的,文学作品永恒不变的主题是人,它最感人、最具价值的是特定的人文性质与价值指向,每一部文学作品都会表现出那个时代特有的人物形象和人性魅力。在大学语文教学中,学生通过阅读文学作品,认识并理解人物形象,感受人物形象的思想和灵魂,体会生命的多姿多彩,并通过文学作品中的人物形象认识自己,把文学作品中的人物作为参照物,通过将自己的人格感受与作品中人物的人格相比较,潜移默化地改变自己的精神世界,完善自己的人格,重新构建新的人生观和价值观。大学语文教学与文学素养培育是相辅相成的紧密关系,大学语文教学因为有了文学素养培育而全面和谐,文学素养培育又在大学语文教学中异彩纷呈。它们相互渗透交叉,共同服务于高校教育,为实现学生的全面发展而服务。

具体来说,大学语文教学与文学素养培育的关系主要体现在以下三个方面。

首先,语文是文学学习的基础。没有好的语文功底,是读不出来文学作品的多元性的。语文在语言和感性逻辑上都为文学作品的解读提供支撑,这种支撑又给予文学创作者形成创作动力。二者形成循环,促进语文和文学相互发展。

其次,大学语文教学是培养大学生文学素养的基础。通过大学语文教学,大学生能够学习到丰富的文字知识和文学作品,并了解到不同文学作品的风格和特点。大学语文教学使大学生能够理解和欣赏文学的内涵,从而培养出对文学的热爱和兴趣。同时,大学语文教学也能够锻炼大学生的思维能力和表达能力,使其更好地理解和阐释文学作品。

最后,培养大学生的文学素养是大学语文教学的目标之一。文学素养包括对文学作品的理解、欣赏和创作能力等。通过对大学语文的学习,大学生可以了解到不同时期、不同地域的文学作品,从而增长见识,拓宽思维。文学素养还培养了学生的审美情趣和人文精神,使其具备良好的道德观念和价值观,这也是大学语文教学的目标之一。

第二节 大学语文教学与文学素养培育的意义

一、文学素养培育的功能定位

大学生文学素养的提升不仅是实现其自身全面发展的重要内容,更对提升全社会素质具有重要的影响。文学素养培育的功能界定如下。

(一)文学素养培育在高等教育体系中的定位

从全面素质教育的大范畴来看,包括人文素质教育、科学素质教育等等,而文学素养培育作为人文素质教育的一部分,是培养高素质人才的重要一环。大学作为培养人才的专门场所,绝不能将培养目标狭隘地限制于实用知识与技术的掌握,应当与时俱进,深入贯彻庄子"无用之用"的理念,明确无用知识对于学生成长的潜在意义。实用的知识与技术是大学生未来生存的立身之本,决定他们未来的路如何走,但无用知识作为其精神世界的象征将决定他们走多远。文学素质教育作为无用知识的载体,通过对文学中蕴含的优秀文化与道德思想进行宣扬,有利于大学生获得情感的寄托与心灵的皈依,更加明确人生存的意义以及对美的追求。此外,有研究者认为一个人的文学素养是社会的缩影①,大学生作为社会群体中的特殊存在,接受过高等教育,通过以小见大的方式不难发现,他们的文学素质高低将直接影响人文素质的构成,进而影响我国国民的整体素质。

(二)文学素养培育在课程体系中的定位

文学作为一门浑然天成的学科,包含有古今中外各路名家的思想体系,大学生可以在杜甫、文天祥、鲁迅的作品中感受浓浓的爱国情怀;在儒、释、道三家的思想中体会生命的真谛;在李清照、柳永的词中提升自身审美情趣。通过文学素养培育不断满足大学生思想领域的精神追求,扩大学生的知识体系与个人学识修养。同时,教育教学最基本的形式便是课程,文学素养培育只有纳入规范化的课程体系之中,才有可能获得载体并发挥效用。大学课程按照专业划分,大致可以分为专业课程与通识课程,有研究者明确指出文学类通识教育课程具有人文性与工具性的特点②,换言之,将文学素养培育与通识教育课程相结合,利用其具有人文性的特点,可以潜移默化地提升大学生文学素养。因此,高校在进行课程开发时,应当充分考虑文学素养培育课程的比重,除了使大学生了解本专业应有的知识体系之外,也要充分考虑学生文学知识与能力的掌握,这将直接影响大学生文学素养的整体结构。

(三)文学素养培育在大学生成才中的地位

人才的培育不是一蹴而就的,人才的定义也在与时俱进。随着21世纪的到来,人才的内涵正在不断丰富,国家对于高素质人才的渴求也在促使着大学转变教育观念,培养高水平综合素质的创新型人才早已是大势所趋。根据人才成长的不同阶段与任务要求,高校除了教授专业知识技能之外,更应该注重大学生全面素质的提升。文学素养作为全面素质的一部

①周寻.加强文学教育提高大学生文学素养[J].中国大学教学,2015(12):86-88.
②蔡爱芳.课程思政融入文学类通识教育课程的实践与探索[J].河南教育(高等教育),2021(01):35-37.

分,对于大学生个性的发展与人格的养成具有不容忽视的作用,通过学习优秀的文学作品,深入研究其中的奥妙与精髓,感受古圣先贤遗留下来的宝贵精神财富,不但能够提升辨别是非的能力,也有利于大学生形成正确的人生观、世界观以及价值观。由此可见,文学素养培育的开展势在必行,高校应该正确认识文学素养在人才培养目标中的定位,积极倡导文学素养与大学生培养方案相融合,帮助大学生在生存竞争日益激烈的时代,培养崇高的思想感情与正确的价值观念、道德人格。

二、通过大学语文教学进行文学素养培育的意义

全球新格局视野下,人才需求不断趋于国际化,传统文理科培养模式的人才已经无法满足人才供给需求,我们急需培养一批具备国际视野、中国特色和多元知识技能的新型专业人才。

我国高校长期以来存在着分科过细、学科分离的问题。学科分离导致知识体系各自独立,互不相通,学生"文不通理""理不通文"成为常态。不同学科之间存在着极大的隔阂,知识无法相通,从而教育资源无法共享,专业发展空间狭小,整体教育质量无法提高,培养出来的人才在就业时具有强烈局限性。打破学科专业间的壁垒,建设起文理科专业之间和学科内部沟通的渠道已经是必要之举。

不管时代赋予了大学语文多少功能,其根本依然是"语文",所选用的作品也应该是优秀的经典的文学作品。而优秀的文学作品又是情动于衷而发于言,是作家情感、生命意识、价值关怀的具体体现。在教学中通过教师的讲解,引导学生感悟、鉴赏优秀的文学作品,提高其文学素养和审美能力,并在学习过程中提高鉴赏能力、分析能力、想象能力与创作能力,同时"披文入情",感受、体悟,并传承、弘扬作品所包含的人文情怀。

大学语文教材中的文学作品历史悠久、性质特殊,具有传习文化知识、提升人的文化底蕴的作用。大学语文在向学生展示传统文化和优秀文学方面有着特殊的优势,它以艺术化的手段提高学生的认知能力和文学素养,从而完善人格。学生通过对优秀文学作品的阅读与学习,产生身临其境的感觉,在文学的虚构世界里,经历无法经历的事件、认识无法认识的人物,了解到各个时代的社会生活状况,通过作品去认识现实社会,了解人生的真相,学习如何与他人交流,提高观察生活和认识生活的能力,获得丰富

的文化知识,形成开阔的眼界,提高文学素养,进而认识自己的人生。另外,大学语文作为一门大学的通识类课程,在理工、文学、医学等专业均有安排课时,它是优良文化和优秀文学的载体,承载着价值观培育的重要任务和功能,通过大学语文教学来对大学生进行文学素养的培养具有深刻的意义。

受不良风气的影响,当代大学生的道德修养有一定程度的崩坏,部分学生缺乏基本的做人品德及文明修养。为了学生养成"不为五斗米折腰""斯是陋室,惟吾德馨"等文学作品中早有提及的崇高品质,有必要通过大学语文教学对大学生进行文学素养培养,这对大学生在今后的人生道路上正确前行有着重要的指导作用。

文学素养除了能够熏陶学生的人文气质,也是现代人所需具备的综合素质之一。大学生是社会主义建设的重要参与者,是国家的未来,大学生综合能力的提高意味着国家综合实力的增强。除了把学习的重点投入到专业知识和技术之外,大学生也要重视对大学语文这门通识课的学习以及自身文学素养的培育。高校管理者应当以大局为重,站在国家发展立场制定大学语文教学与文学素养培育方案,将学生培养成利国利民、文明礼貌的国家建设者和社会主义接班人。大学生要积极担负起弘扬国家传统文化的责任,加强修养,完善精神面貌,通过学习传统文化、文学艺术知识来提高精神境界,努力成为各方面都很优秀的毕业生。

第三节　文学素养在大学语文教学中的应用现状

一、思想意识存在偏差

一方面,高校教育工作者在指导思想上未能明确文学素养的重要性,也没有完全意识到文学素养的提升对于大学生成长成才的帮助。大多数大学语文教师在课堂上无视学生的走神、迟到等行为,不断削弱学生对大学语文教学和文学素养重要性的认识,致使学生们产生错误思想,不能端正学习语文和文学的正确态度,认为大学语文课程是"可有可无"的,更别提通过大学语文教学唤醒学生对文学的热爱之情。另一方面,大学生也未能正确认识文学素养对其自身发展的潜在意义。由于受不良风气的影响，部分大学生一味地注重金钱至上、利己主义等不正确理念，认为文学不能创造财富，对个人生活质量也毫无影响，缺乏对文学的热情与追求。正是由于这种认知误差的产生，导致越来越多的大学生不愿意也不重视文学素养的提升。但是文学素养作为全面发展的重要组成部分，不仅影响着大学生个人素质的养成，更会通过大学生群体影响整个社会，进而影响一个国家与民族的前途命运。

二、课程教学存在内容浅薄、形式固化的现象

步入高校，语文的学习内容层次突然拔高，阅读材料大多都是优秀文学作品，但学生们的文学素养并不与之匹配。高校教授大学语文的教师大多是博学多闻的高质量人才，但有时教学效果却不容乐观。大学语文教学应是提高学生文学素养的重要途径，但事实上，大部分教师在课堂上教授的仅仅是语言和相关考试的内容，并没有引导大学生深入思考文学的内涵，感受文学的魅力，因此收效甚微。尽管教师具备较高文学素养与内涵，却无法将其以适当的方式传授给学生。由于学生文学素养欠缺，与教师无法进行深层次的文学交流，导致教师教学积极性逐渐降低，教学方式通常为放映课件，教授内容逐渐浅显等。

从大学语文教授形式和教学内容来看，高校管理者和大学语文教师对学生的文学素养培养并未给予足够的重视，甚至部分高校仅把大学语文设置为选修，且课程教授内容不深入，导致教学资源浪费，学生学习体验感不佳，文学素养难以提高。

另外，我国高校通过大学语文教学进行文学素养培育的方法相对落后陈旧，主要通过教师的口头传输与"满堂灌"等形式，机械化地使大学生了解相应的文学基本常识。文学素养除了文学基本常识之外，还应该包括文学能力的提升，即对文学作品的欣赏、感受、创作与表达能力[①]。单一模式的授课方法，容易将理论与实际、知识与能力相分离，既不利于唤醒大学生的文学意识，也未能调动学生对文学的兴趣，自然而然地使学生丧失了阅读优秀文学作品的意愿。另一方面而言，文学素养的形成可以通过后天的努力，但是文学素养的培育过程是循序渐进的，必须符合人的发展规律，绝

①杨燕华.器化教育、手机阅读与大学生文学素养培育[J].上海师范大学学报(哲学社会科学版),2015,44(06):73-78.

对不是一蹴而就的。而现实往往是教师在进行大学语文授课的实际过程中,忽略大学生身心发展的过程与特点,出现文学素养培育专业化的现象,即教学学术化、理论化。通过单方面照本宣科式地讲授文学知识,使得原本生动有趣的文学黯然失色,更不用说教会学生如何正确地去阅读优秀文学作品、获取文学知识的方法。

三、大学语文教师的教学能力参差不齐

教师是学校的核心人物,在加强文化教育进程中扮演着主导作用。教师自身首先必须具有较高的文学素养,才能有机会对学生进行指导。现今在教育事业迅速发展下,高等学校对教师的要求也在日益提高,具有较高学历和丰厚的教学经历已是对高校教师的普遍要求,某些院校甚至要求教师具有博士学位或国外学习背景。但是,当教师步入高等学校后面临更严苛的课程和学术标准要求,是否有时间和精力研读文学作品,感受文学对思想的熏陶,可能是一个令人尴尬的问题。另一方面,高校中的大学语文教师并不全部来自学科语文、汉语言文学等对口专业,有些教师为其他艺术领域的优秀人才,如书法家、古琴家等,这就造成教师的教学能力参差不齐。部分在擅长领域取得成就的教授在大学课堂开展教学时反而经常处于尴尬的境地,无法将自身所具备的欣赏、感受和思考的能力传授给学生。这导致学生面对如此高质量的教材和教师,却无法获得真正的知识与能力,文学素养的培育自然也就毫无成效。

第四章 大学语文教学与文学素养培育的融合发展

第一节 创新大学语文教学的方式

一、体验式教学法

(一)体验式教学法概述

1. 体验式教学法的含义

体验式教学法在教学过程中主要以学生为本,教师通过设置一些情景活动等内容,引导学生进入当前设置的情景中,体验情景中表达的思想和感悟等。相较于传统的教学方式,体验式教学能够通过情景的重现给予学生更多的感官体验,对教学内容中的思想和经验等表述得更加准确。学生在该教学方式中,能够通过体验式的教学课程获得更多的关于教学内容的经验,并在学习完成后对所学内容进行归纳总结,完成知识的积累。体验式教学能够提升学生的学习兴趣,并在该基础上锻炼学生的心智水平,改变当前教学的教学性质,使当前的教学变成更加有趣的学习活动。

2. 体验式教学法的特征

(1)情境性

在体验式教学中,学生体验的内容是教师根据当前的教学内容进行针对性设置的情景。在该情景中,学生能够通过除了文字之外的其他方式进行教学内容的学习和感受。该教学方式能够更加直观地感受教学内容中呈现的情境,帮助学生在情境中了解教学内容,学习教学内容中的知识,协助学生通过更加多样化的学习途径进行知识的学习和文学素养的提升。

(2)亲身经历性

在体验式教学过程中,学生置身于教师创建的模拟真实场景中。在该场景中,学生是内容中的主要人物,通过对周围环境的观察和思考,学生能够在场景中真实地感受内容作者观察及感受的内容,更加具有真实体验感。同时在真实的感受中,学生还可以在亲身经历教学内容中的场景后对作者的思想进行进一步的分析,通过自身的独立思考,发掘当前场景中更加具有教育意义和警示意义的内容,帮助学生在模拟亲身经历中获得自身独特的见解。

（3）情感性

教师在体验式教学中,需要引导学生,帮助学生尽快融入教学场景中,在引导的过程中,学生自身的情感会伴随着教师的引导策略出现一定的变化。在该情感变化过程中,教师不仅需要将学生的情绪向积极的方面引导,还需要引导学生将其情感与当前的教学目标结合,这就要求教师的教学引导能够提升学生的学习体验和情感体验。相较于其他的情感状态,学生在积极的情感中进行知识的学习,不仅能提升自身的学习效率,还能激发学生的学习灵感,促进学生思考更多的具有创造性的观点和看法。

（4）互动性

体验式教学的顺利开展需要教师与学生积极地参与当前的教学。其中,学生作为学习的主体参与到学习环境中,教师作为学生的引导者,同样需要参与到当前的学习中。学生与教师在参与的过程中,不仅需要教师积极地与学生进行交流,了解学生的真实想法,还需要学生在学习的过程中及时反馈自身的意见与建议,并真实地表达对当前环境下的思考及情绪状态,从而提高体验式教学内容的实际教学效果。在该教学中,教师与学生之间的良好互动不仅能够显著地提升教师与学生之间的融洽程度,还能提升学生对当前教学内容学习的趣味性,提升学生内容表达及团队协作的能力。

（5）反思性

在体验式教学中,整个教学流程完成后,学生会根据当前观察到的教学内容进行反思,对于教学内容中出现的相关思想进行思考并完成知识的消化和积累。教师在完成体验式教学后,也会根据学生反馈的意见和其他教师的意见对当前的教学形式及情景创建的效果进行反思,进一步提升自身设计的教学内容,增强学生在学习过程中的体验感。

(二)大学语文体验式教学的意义

1. 提升学生的人文素养

语文是一门较为基础性的学科,学生进行语文课程的学习主要是提升自身对文字的理解能力,增强学生对语言文字的使用能力,对提升学生的综合素质较为重要。大学语文体验式教学能够改变教学模式,学生在学习的过程中能够通过观察周围环境及情境的方式了解作者在作品创作过程中面临的真实场景,提升学生语文学习的兴趣。教师在教学场景的设计中,可以通过各种情景设计和相关活动,提升学生学习的积极性。学生通过参与教师精心设计的教学活动,不仅能够积累知识,还能够在活动及情景中理解教师的教学内容,进一步提升学生的人文素养。

2. 促进师生交流

在大学语文教学中,教师使用体验式教学方式教授教学内容,能够增加教师与学生之间的思想交流,帮助教师更好地理解学生的思想,从而改进教学方式和教学内容。学生也可以在与教师交流的过程中,更加充分地理解教师关于教学内容的思考,增加学生的知识积累,改善学生的思考方式。体验式教学强调教学过程中的亲身经历特性,这需要教师在整个教学过程中将教学的主体归还于学生,让学生自主地感受情景,并将自身感受及思考获得的内容转化成知识。在整个教学过程中,教师并不是知识的灌输者,而是学生学习的引导者,也是学习如何能够更好地完成教学内容、实现教学效果的学习者。在体验式教学过程中,师生双方在教学环境中不仅能够分享自身的情感经历及价值取向,还能够探讨当前的情景及内容,分析作者在作品中使用的表达方式的技巧及策略。在帮助师生建立更好的师生关系的同时,学生还可以根据教师的思路深入挖掘教学内容的意义和表达技巧。

3. 帮助学生建立正确的价值观

大学语文中的教学内容具有较高的育人价值,学生对大学语文教学内容的学习能够锻炼自身的人文素养,提升语文素质。体验式教学是一种新型的教学方式,通过情景再现的方式帮助学生更加深入地了解目前学习的内容,了解作者在作品创作中面临的真实场景,帮助学生真切地体会作者在作品创作中的思想变化。该教学方式更加直观、贴切,学生通过类似于亲身体验的方式学习内容与知识,帮助学生感受更加真实的情感变化,并在该基础上为学生传递真切的思想,帮助学生塑造正确的价值观。

(三)大学语文体验式教学策略

1. 合理使用情景教学,提升学生的认知力和感悟力

情景教学能够帮助学生把握全文的中心思想,提升学生的学习兴趣,对于学生的学习体验具有较好的改善效果。但是情景教学方法的使用需要教师充分理解文章思路和创作背景,还需要教师具备丰富的知识储备,能够根据创设的教学情景实现教学内容的延伸,丰富课程内容,提升学生的思想。

以大学语文中的《将进酒》为例。首先,教师在进行教学设计时应该通读全文,了解作者完成该作品的时间节点及当时的人生际遇、生活环境等情况,结合上述情况充分解读作者当时的创作心境并推敲和阐述作品想要表达的中心思想。通过查阅相关资料可知,该作品为李白在隐居期间与朋友相聚饮酒时所作,表达了怀才不遇的烦闷之情。因此,教师在创建情景时,需要创建出朋友相聚饮酒、互说烦闷的场景,并且还需要说明情景的背景,即李白进京之后被排挤、思想烦闷、理想不能实现的心境。其次,教师需要探讨该作品的创作手法和表达的中心思想,通过分析可以知晓该作品为七言歌,因此教师需要讲述七言歌的发展历程。李白借助该作品想要表达逍遥自在、自由洒脱的思想,并且还带有一丝遗憾与烦闷。教师在讲授该作品的思想内容时,除了讨论其思想表达外,还需要学生在当前的背景下朗诵该作品,充分感受李白的创作情感。最后,教师在完成作品艺术价值和思想表达的讲授后,可以拓展教学内容,联系当前社会中的情景,如"孔乙己的长衫"等相关话题。学生在该话题背景下自由讨论,表达古时文人学者思想境遇与当前社会思想境遇之间的差距与相同点,引导学生在对文学作品进行思考的同时,能加深对社会的认识,提升辩证思考的能力。

2. 注重反思与交流

高质量的教学课程不仅需要教师在课程教学中具有较高的设计水平,还需要教师在课程教授的过程中能够清晰合理地表达教学内容中的逻辑与思想,能够使用学生接受的方式进行知识的传达。因此,在大学语文中使用体验式教学,除了要求教师自身具有较高的课程设计水平外,教师与学生及同事之间还应该就课程的教学内容与方法进行交流与合作,进一步提升教学质量。

教师与学生之间的交流应该集中于当前教学课程的实际教学质量及学生完成学习后出现的问题。教师可以使用当面询问的方式了解学生在课程学习中的问题,如教师创建的情景是否能够真实地表达当前教学内容中的情境,学生是否对当前的情境创设风格感兴趣等。教师除了与学生交流了解当前的教学质量外,还应该收集学生对目前课程教学的意见。在进行意见收集的过程中,教师可以使用创建交流群的方式,要求学生对目前的教学内容及教学课程设计提出意见,教师整理汇总学生提出的意见,并改进下一次的情景设计。教师在体验式教学方式的创新中,同样可以通过收集学生的意见评价当前创新的效果,对学生反馈体验感较差及情景创建不能够吸引学生注意力的创新,教师应及时调整,保障当前的创新能够提升教学效果,培养学生的人文素质。

教师与同事之间的交流应该注重教学方法及教学资料的分享。教师在完成情景的构建后,还需要收集构建情景的素材。由于互联网中的素材较多,教师检索素材存在一定的难度,因此教师之间的素材共享可以有效帮助教师节约素材收集的时间,帮助教师将更多的时间用在课程的设计及备课中。另一方面,教师之间除了进行资源的共享外,还可以对新的情景设计方式及教学方式进行共享。教师之间在交流的过程中,除了与本专业的教师交流外,还应该与其他学科的教师进行交流,了解其他学科的教师在体验式教学中使用的教学方式,思考该教学方式是否能够应用于本专业的教学,实现跨学科的方法交流,提升教学方法的多样性,拓展教师教学设计的思路。教师除了与同事进行交流外,还应该及时反思自身在教学中存在的问题,可以每周进行教学总结,及时发现自身在教学中存在的问题并纠正。

3. 个性化教学

个性化教学针对不同学生的学习能力使用不同的教学形式与内容设计,主要目的是加强学生对知识与思想的接受程度,提升学生的学习体验。在大学语文中,表达的中心思想和使用的艺术手法均有所不同,不同学生由于自身知识储备与学习能力的差距,对于内容的接受程度存在差异。因此,个性教学法针对不同学生群体使用不同的教学策略。

以《将进酒》为例,教师在语文教学中可能面临不同专业的学生,如语言文学专业的学生及理工专业的学生,针对不同专业的学生,可以使用不同的情景创建和课程拓展。对于语言文学专业的学生,除了要求学生基于当前社会现象讨论该作品的现实意义外,还可以要求学生收集与该组作品思想类似的文学作品,分析其中的思想差距,讨论封建时代文人志士的思想禁锢与理念创造。在理工专业学生的教学中,应该注意培养学生的文学想象力,不要求学生收集分析类似的文学作品,但是可以引导学生延伸作品的思想,将作品部分思想应用于学生的日常工作中,在缓解学习压力的同时,提升工作效率。

此外,对于拥有较高同理心的学生组别,教师可以使用较多的背景音乐进行体验式教学,让学生在充沛的情感中体会作者进行作品创作的意图。对擅长进行环境分析的学生进行教学时,开始便可以在当前创建的情景中加入更多的细节,让学生在学习的过程中体会不同的细节表达的含义,让学生在思考中获得更多的对教学内容的理解。

综上所述,在大学语文教学中,使用体验式教学能够实现更好的教学效果,学生也能够在该教学方式中提升自身的文学素养和思想品德。在教学中,教师不仅需要充分发挥自身专业的知识水平,还应该积极听取同事及学生的意见与建议,通过不断创新体验式教学方式,吸引学生的注意力,提升实际的教学水平。

二、混合教学

(一)混合教学概述

混合教学即线上线下混合教学,是传统课堂的线下教学与网络平台的线上教学相结合的一种教学模式,两者优势互补,获得最佳的学习效果,也就是说,既要发挥教师引导、启发、监控教学过程的主导作用,又要充分体现学生作为学习过程主体的主动性、积极性与创造性[①]。与传统的课堂教学相比,混合教学有如下不同之处(见表4-1)。

表4-1 混合教学与传统教学的对比

	传统教学	混合教学
课堂载体	黑板、教材、多媒体课件辅助,教师提供的教学资源有限	更加多样化、个性化的信息资源,如微课、文学史视频等
学习方式	被动学习:教师讲学生听	主动学习:线上自主学习
角色地位	教师主体,讲授为主	学生主体,教师引导

①何克抗. 从Blending Learning看教育技术理论的新发展[J]. 国家教育行政学院学报,2005(09):37-48+79.

续表

	传统教学	混合教学
时间空间	同一时间,同一地点	任意时间,任意地点
师生互动	面对面互动答疑	不仅可以面对面,还可以线上交流答疑
作业考试	手动批改,统计费时费力	智能批改,智慧统计
评价方式	评价方式单一,终结性评价	评价方式多元,综合评价

1. 混合教学的内涵

自20世纪90年代末关于混合教学的研究兴起至今,混合教学内涵的演变经历了以下三个阶段:①20世纪90年代末至2006年,混合教学是面对面教学与在线教学基于信息技术的简单结合,强调使用信息技术的重要性。②2007年至2013年,只有"30%~79%的教学内容采用在线教学"的才能被称为混合教学,强调师生、生生以及与资源之间的交互。③2013年之后,混合教学基于移动通信设备、网络学习环境与课堂讨论相结合的教学情境,强调运用信息技术为学生创造真实、个性化的学习环境。

早期,美国斯隆协会认为"混合教学是面对面教学与以信息技术为基础的在线教学的简单结合",强调使用信息技术的重要性。那么两者应该怎样结合成为学者们思考的问题,有学者提出要用比例限定线上教学的度,认为只有"教学内容的30%~79%采用在线教学"的,才能被称为混合教学。2007年后美国斯隆协会进一步更新了概念,这个阶段,学者们重点关注师生、生生以及与资源之间的"交互"。然而有越来越多的学者意识到,比例不应该是混合教学关注的重点,线上与线下两者怎样配合才能发挥出最大优势才是值得深入思考的,为此,要重新考虑教学的目的、策略和安排。随着网络与信息技术的快速发展,2013年后,混合教学的内涵丰富为"以移动终端为载体、网络学习环境与课堂讨论为一体的教学情境"。这个阶段,强调运用信息技术为学生创造真实、个性化的学习环境。几十年来,混合教学的发展由刚开始的简单结合到打好配合发挥优势,从聚焦信息技术到运用信息技术为学生服务、以学生为中心,逐渐走向成熟。

2. 混合教学的特征

(1)优势互补性

混合教学是把传统课堂教学模式和线上教学相结合的一种教学模式,二者优势互补,以实现教学效果的最优化。传统课堂中以班级授课制为主,学生由教师监督,教学效率高、系统性强,但由于是集体授课人数较多,教师无法照顾到每个学生,"教师讲什么学生听什么"的传统模式也无法满足学生的个性化需要,不利于培养学生的主动性和创造性,忽视学生的主体地位,而线上教学的优势恰好可以弥补传统课堂教学模式的不足,线上教学网络资源丰富,形式多样,时间地点较为灵活,能够满足学生个性化需要,以及能够对学生进行针对性答疑,采用不同的习题实现差异化教学、因材施教,还能够培养学生自主预习复习的习惯,培养学生的主动性和创造性。

（2）反馈即时性

在混合教学线上的预习和复习中,利用网络上的智能化平台,能够及时把学生情况反馈给教师。教师在学生的线上预习反馈中知道学生的薄弱点,进而上课时能够把握好本节课重难点,各个击破。在课后的线上复习与作业环节,能够实现迅速的批改和统计,对学生的知识的掌握情况一目了然,从而指导下一步教学。

（3）时空无界性

在混合教学中,学生进行线上的预习和复习,这个过程打破了原有课堂教学在时间和空间上的界限,师生可以在不同的时间、不同的地点进行教学和学习,更加灵活和自由,具有时间和空间上的无界性。

（4）课堂交互性

在传统大学语文课堂中,教师和学生虽处于同一空间,但由于有的学生知识储备不足、文学素养不高、碍于面子、害怕被批评等原因,也很少提出疑问或表达自己的想法。相比之下,混合教学的线上教学环节给了学生一个自由表达的平台,具有交互性,能够鼓励学生善于思考、大胆质疑。

（5）学习个性化

混合教学中,学生能够根据教师发布的资源进行自主学习,可以根据自己的学习情况重复学习薄弱环节。除了根据教师发布的任务进行线上的预习和复习,学生还可以根据自己的实际情况选择网络上其他的个性化学习资源,满足学生的个性化需要。

（6）评价立体化

混合教学的一部分教学过程借助网络教学平台实现,可以利用网络平台方便统计和保存、能够实时监测学生学习进度的优势,将在线学习情况纳入考核体系,同时,对学生在线下课堂中的表现进行综合评价。因此,混合教学的评价体系能够立足于学生实际,综合客观地评价学生。

(二)大学语文运用混合教学模式的优势

1. 灵活性增强

混合式教学模式能够让传统的语文教学更加具有灵活感,传统的教学中教师负责的是讲解知识,学生负责的是记笔记听讲。这种学习方式较为呆板陈旧,学生只能停留在被动的状态中接受知识,不利于使学生的积极性得到培养。而把线上手段和线下渠道相互结合,打造混合式教育模式就能够改变这一现状。对于教师而言,教师能够登录网站下载较为丰富的教学资料,把它融入课件之中,对于学生来说能够通过课前预习和资料查找等多种手段获取自己想要的资料,提高课堂探究的敞开性和灵活性。在课堂探究活动之中,教师和学生需要共同配合,完成对学习过程的探讨,学生也可以把自己的想法录制成视频上传到班级群之中,课下也可以反复揣摩观看,这些行为都有利于学生自主学习成效的提升。

2. 提高文学素养

按照自主学习相关理论的建议,如果学生能够拥有正确的学习出发点和学习认知,那么在行为表现上就会显得更加主动且积极,具有热情也就能够取得更好的学习效果。大学语文不仅注重工具性更注重人文性,它是一门提高文学素养的综合性学科,对大学语文的学习能够让学生增长才干,提高修养,从整体角度上来看也能够增强我国文化自信和民族自信。传统学习模式中,教师如果不对知识点掰开揉碎讲解清楚,就会让学生很难掌握,也很难理解。但是在混合式模式下就不会出现这样的情况,通过线上教学渠道的配合,学生可以对课堂内容展开提前预习和提前思考,并且把握本节课的难点和重点之所在。在预习基础的前提和铺垫之下,学生能够更好地参与到后续学习中,有针对性地就某一问题和教师展开探讨,学生在思考和主动讨论的过程中能够发现自身的问题之所在。通过这样的方式能够丰富自身的理论认知,使语文学习的素养和视野得到不断的拓展,培育文学素养。

3. 改变了传统的师生互动

混合式模式对师生互动的改变主要体现在可以让教师和学生之间展开跨时空交流。传统的教育模式下,虽然教师能够经常见到学生,但是教师和学生之间的交流并不十分紧密,有些学生对教师心存抵触和畏惧,有了想法或学习困难也不愿意向教师倾诉。通过网络桥梁,教育工作者和学生能够随时沟通,展开零距离的谈话与探讨,教师可以提前在网络平台上上传学习资料,学生可以自行下载,让学生在自主预习的过程中发现问题、暴露问题,遇到不解和困惑就可以通过在线的形式直接把问题截图发送给教师。而教师也可以针对学生提出的问题进行讲解答疑解惑,也可以根据学生普遍出现的问题进行完善和改进。在混合教学模式中,教师可以先对基础知识进行讲解,讲解完毕之后发现学生问题,重点讲解学生的困惑和疑难之处,也可以设置小组讨论和任务教学,这些学习场景自由切换,使整体课堂更加有趣。在课后阶段,教师通过探究性话题的导入能够让学生建设学习群继续学习。总而言之,混合式教学模式的加入和补充能够让师生之间的交流变得更加跨时空、超距离,增加了师生之间的交流与谈话机会,让师生之间的对话无障碍①。

(三)混合教学模式下高校大学语文教育现状

1. 教学针对性不足

反观现状,当前大学语文教学存在一定的针对性不足问题,教学需要尊重学生的个体差异,针对学生的不同点差异化地推动课堂实践,这对于提高语文教育质量具有重要的意义和影响。然而有些高校在开展语文课程的时候通常采用一刀切的全覆盖性策略,这样的方式没有考虑到不同学生之间的个体差异和需求,同时也缺乏对学生学习能力和特点的了解和尊重。有些学生的学习能力比较强,采用一刀切的策略能够让他们跟得上提高阶段性成绩,但是对于一些学困生或者成绩相对薄弱的学生来说这不是好事,让他们难以紧跟其后,使自身的节奏和教师的节奏相互脱节,容易对语文课程失去兴趣或产生心理抵触。受到此现状的影响,很多大学成绩优秀的学生和普通学生拉开了比较大的差距,在往后学习水平的差异还会不断地增强。因此,在后续阶段展开高校语文教育的时候必须改变这一特点,否则会对教育工作的整体推进造成阻碍,不利于整体大学语文能力的提升。

2. 课程设置不合理,结构松散

高校语文教学中结构设置的问题是由来已久的。其主要的问题表现

①徐伟."大学语文"课程线上线下混合式教学模式探析[J].教育教学论坛,2022(50):149-152.

在教学结构较为松散,缺乏逻辑性和内部的连贯性。很多大学语文教师具有足够的教学经验,在一定程度上能够弥补这些问题,但是这些问题也无法从根本上解决。之所以在课程结构设置上比较松散,主要是因为课程的排布不够合理,不同的教育环节衔接不够恰当,逻辑不够紧密。这就让高校语文教学碎片化特征较为明显,无法满足多元化的课程教育需求。长此以往,在短期之内高校语文课程就无法为学生所内化实现教育成果的转化和变现。还有些高校在语文课程的设计过程中采取阶梯式的教学方案,这样的教学方案能够在短期之内提高学生对知识的适应能力和接受能力,使学生自主学习的意识不断增强。但是阶梯式教育模式比较适合用于技术学校培养专业实践课程,对于语文课程这种基础类人文课程而言并不适用。语文课程对学生的语言文字理解能力和感悟能力有相当高的要求,而采用阶梯式教学更加强调课程中的逻辑感和推理感,没有能够强调对学生理解能力和感悟能力的培养与教育,因此教学结构的不足无法让语文课程发挥长效性的作用。

3. 学生缺乏热情和动力

好的开始是成功的一半。学生需要具有浓厚的学习兴趣才能让课程学习有条不紊地向前推进。在传统的课程教学模式中,教师占据主导地位,学生在课堂教学实践中较为被动,使语文知识的学习缺乏实效性特征,长此以往会导致学生对语文课程缺乏热情。站在课程设置的角度来看,教师主导着整个教学的方向,控制着教学的内容和任务,以保证课堂秩序的严谨性和规范性。但是站在大学生本人的视角来看,每个人的兴趣爱好点各不相同,如果教师在课程教学中无法充分满足不同学生的学习要求,就会导致学生的需求感下降和积极性减少,最终也会导致语文课程质量大大下降,让语文课程实践的展开难以形成逻辑严密的结构,也会使知识偏向于理论而缺乏实践感。

(四)混合教学模式下高校大学语文教学策略与建议

1. 提高教学的针对性,做好课程的系统化对接

在高校语文教学课程的打造之中需要做好逻辑对接工作,让课程衔接更加紧密,使教学更加具有针对性。在混合式教学模式的影响之下,教师可以利用互联网平台建设对接网络,基于当前的课程教学进度向学生开放基础教学资源并进行共享,协助学生更好地提升整体性的课程能力。教师

可以利用线上课程资源展开平台的调度,使课程资源得到优化配置,同时通过线上教学平台的对接可以把关键内容提取出来,再利用线上模式融合进去,加强对不同环节知识的整体渗透,把关键的知识填充其中,弥补环节的松散之处。使语文课程教学在不同流程、不同项目以及不同的环节形成紧密的闭环,也能够让语文课程教学针对性不强的问题加以解决。同时对语文课程教学知识展开系统化的对接还能够防止课程知识过于碎片化,教育工作者就不会再用阶梯式的教学模式强行要求学生,反而运用线上线下相互结合的模式展开混合式教育实践,使课程教学更加具有有效性和自主性。帮助学生跟上教师的课程节奏,让语文课程教学多位一体,共同配合,得到稳步推进的机会。

同时展开混合式教学模式还要找到侧重点,让线上线下教学有机结合在一起,建设多元化的课程框架和课程体系,使语文课程的质量得到不断地提升,也使语文课程能够向素质教育环节实现纵深拓展。比如,要强化学生的写作能力就可以采取线上线下多管齐下的形式,对传统的教育方案进行规划和改革,通过线上的教学实践和教学鉴赏,选取一些零分作文和满分作文,让学生经过对比明确作文的创作边界在哪里,掌握合适的创作技巧,防止出现相似的错误和问题。相互搭配的还有线下的课程模式,在线下教学中也可以利用多媒体平台补充信息和素材,让学生沉浸在多元化和多媒体化的课程环境里,自由地进行文学创作和表达。作为教师也可以利用线上平台与学生展开多元互动,就学生在写作中出现的问题和错误点进行探讨,因此混合式教学模式的运用需要打破传统高校语文教学在空间感和时间感上的限制,使教学更加具有针对性。这里的针对性并不是指教哪一板块就只搜索哪一板块的知识,而是要解决传统教学设计师任务感不强的现状,让混合式教学模式更好地立足于高校教育发展,提高语文课程教育的前瞻性和有效性。

2. 优化课程结构设置

在课程结构设置的过程中,需要把课前推送、课中引导和课后拓展三个方面相互结合,解决传统教学结构较为松散的问题。在这里,混合式教学模式可以以云平台作为主要的教学工具和资源储存中心,三个方面共同入手展开教学。首先在课程推送环节其主要目的是让学生做好预习准备工作,了解即将要学习的知识是怎样的内容。学生可以利用网络平台展开线上自我测试,在预习之前了解自身的基础如何,教师则要对学生的自测结果进行分析,有针对性地进行备课筛选并整合教学内容与教学素材。在课前推送环节,教师需要根据教学大纲对教学进度进行规划,确定学生需求,以此为基础确定即将教学的重点和难点之所在,勾勒出要点环节,对线上教学的资料进行整合,列出学习任务和学习列表,利用微课视频和电子课件的资料组织在线自测习题,把这些资料全部打包上传到语音教学平台中。学生可以登录云教具自行下载,根据线上任务完成知识点的自我检测,并且完成课前预习。自测的结果也会上传到平台之中,教师通过分析数据能够有针对性地对教学方案进行调整,提高教学质量,使本节课的教学效率有所改善。

在课中引导环节也可以利用信息化教学云平台帮助教师督促学生进行课程签到,保证出勤的准时性,线上线下相互结合的混合模式能够提高学生学习的自主度,这一环节需要发挥教师的主要引导作用,促进学生的学习热情与积极性。这一环节在学习形式上可以展开任务互动和游戏驱动,也可以通过视频播放、动画展示等不同的形式使学生的兴趣感被激发出来,也能够在一定程度上丰富本节课的课程素材,在真正意义上对课程资料进行改革和创新,发挥云技术和信息化平台的重要作用。接下来教师需要针对课前预习的自测结果展开有针对性的内容讲解,让学习更加具有目的性,学生通过自测能够发现自己在学习过程中的问题之所在,有目的地展开听讲。同时学生也可以利用微课视频等形式和同学一起组织课堂讨论,就某一问题进行辩论,或者教师可以把学生分成若干小组,让每一小组选出一名组员,作为组长负责任务的分配。也可以在课堂时间没有用完的情况下组织头脑风暴或辩论赛,还可以组织课堂抢答活动,用多样化的方式完成教学任务。教师可以根据学生的课堂表现以及任务的完成程度,在线上平台系统中对学生本节课的情况进行打分,表现优异成绩良好的小组需要给予一定的奖励和鼓励,使大学语文课堂的学习趣味不断增长,抓住学生的眼球,通过增强学生的自主学习能力来使语文综合素养得到提高。除此之外教师需要完成课堂随堂检验过程,这一环节教师需要结合学生的心理状态让学生从不同的角度对知识进行自我探索,随堂检测可以设置一些开放性的问题,不设标准答案,比如可以让学生对有关文学或文学节选片段进行赏析,谈一谈自己的看法。

在课后拓展教学环节,混合式教学模式的运用也发挥着非常重要的作用。课后拓展是发生在课堂教学完成之后,教师可以利用线上教学的数据统计功能,统计学生到班人数和课堂任务的完成情况并做好记录,可以评选先进个人和优秀小组为同学们树立榜样,让所有学生都积极参与到课后评价环节之中,需要结合学生的具体课堂表现评定学生的知识掌握情况,设置难度适中的课后习题,提高课堂质量。

3. 提高学生的学习热情和学习动力

利用混合式模式提高学生的学习热情和动力,首先,需要提高对知识获取的自主性,让学生站在兴趣导向的本位之下更好地参与到课程实践中去。在混合式教育模式的指导下,教师需要转换教育角色为学生搭建优秀的学习平台,防止出现居高临下的情况,要建设新型平等师生关系,以朋友的姿态参与到和学生的共同学习中,实现教学相长,做好学习的伙伴。站在学生的兴趣视角,教师在互联网上搜索一些社会热点事件或娱乐新闻加入课堂中,并且和语文知识相互结合,让学生对某一知识点谈一谈自己的看法以及对语文课程有怎样的启示。其次,教师可以组织一些有趣的课堂活动,例如创设情境表演,让学生通过角色扮演的形式选择自己喜欢的角色上台表演,前提是需要先选择好一些具有较强故事性和情节性的课文,再让学生以小组为单位,自主设计情境,进行课堂表演。此外,教师还可以创设课堂随机辩论活动,节选课文中某一个有争议的知识点把学生分为正方和反方两派,让学生之间相互展开辩论,这样的方式能够让学生提高知识迁移能力,把所学的知识和现实生活相互结合。

综上所述,在混合式教学模式的影响之下,高校大学语文教学的开展需要解决传统教学的不足之处。通过现状找到改进的支点,在之后的教学中需要使教学更加具有针对性,做好课程的系统化衔接,同时要优化课程的结构设置,此外还需要提高学生的动力和学习热情。

三、翻转课堂

(一)翻转课堂概述

翻转课堂又称为"颠倒课堂""反转课堂",是指结合现代化教学手段,通过充分利用网络教学资源,重新调整课堂内外的时间,将以往传统的"以教师为中心的讲授"转变为"以学生学习为中心"的新型教学模式①。与传统的课堂教学相比,该教学模式应用具有明显的特点。

传统课堂实质上是以课上教学为主,教师通过讲授法将知识点一一列举罗列在黑板,学生只是听课的身份,教师是教室的主人。而翻转课堂的实质是在课前由教师对教学内容进行录制,学生自主学习和自由控制学习进度,在课中改变传统的讲授法,将学生作为学习的主人,学生通过合作探究和知识内化过程自主掌握知识,在课后反思和完成作业。翻转课堂的整个过程使学生成为教学过程中的主体,教师成为教学过程中的合作者和引导者,课堂成为答疑和解决重难点问题的场所。其本质的不同,导致了传统课堂与翻转课堂在教学目标、教学课前准备、教学方式、教学评价等方面的差异性,具体如表4-2所示。

表4-2　传统课堂与翻转课堂的部分比较

教学阶段	传统课堂	翻转课堂
教学目标	单一地传授所学知识	不仅共同学习所学知识,还有效培养学生创造性思维
教学课前准备	教具,教案	教具,教案,制作PPT和教学微课视频(10~15分钟)
教学方式	教师讲授法,逐一讲解教学内容,例题讲解,随堂测验	教师答疑,师生互动,共同研究本节的重难点
教学评价	试卷分数	多元化评价

从表4-2可以看出在教学备课阶段、课前预习阶段、课堂教学阶段和课后总结阶段等方面来看,传统的大学语文课堂相对单一、枯燥,而大学语文翻转课堂能够使学生真正地参与到教学中,能够引导学生更深刻地掌握知识,并将其运用到各个领域,学会举一反三,形成开阔性思维,这也与素质教育中学生是学习的主人,教师是学生学习的合作者和引导者不谋而合。所以开展翻转的大学语文课堂是作为教师对学生负责的体现,作为教师,应该积极地响应前沿创新点,以便于促进中国教育事业的蓬勃发展。

1. 翻转课堂的原则

(1)学生主体

翻转课堂教学模式是以学生为中心,在其自主先学、交流助学、以用促

①李雪. 基于微课的翻转课堂在大学语文教学中的研究[J]. 江西电力职业技术学院学报,2021,34(05):22-23.

学、课后共学等教学流程中,引导学生主动建构新知识,完成课前自学、课中内化、课后升华的知识探究过程。深入贯彻"以人为本"的教学理念,在课前由学生自主学习教师发布的视频任务和导学案等预习作业,给予其充分的时间进行学习,并回顾原有的知识经验,运用到现在所学的知识中,学社独立分析之后提出问题。在课中由学生小组讨论、合作探究等形式参与到课堂中,增加了课堂的活跃性。在课后,学生整理课堂内容并进行反思。

（2）教师主导

让学生做学习的主人,教师利用现代信息技术,提高课前预习的有效性,提升课堂学习的参与性,注重课后复习的巩固性,同时优化教学过程,使教师从"知识传授者"变为"学习指导者",学生从"被动接受者"变为"主动研究者",发挥了学生的主观能动性,体现了一切为了学生的思想。在课堂探究的阶段中,把大量的时间教给学生,教师在旁边指导和进行答疑,并且根据学生的个性化差异和学习特点进行针对性的指导,全面落实因材施教的教学方法。根据学生的反馈及时修改课堂内容和控制教学进度等。

（3）互动交流

在课堂的教学中,不是教师一味地讲授,也不是将学习完全交给学生。而是由教师的教和学生的学共同组成的,缺一不可。师生关系的和谐是实现课堂互动交流的主要因素,师生不是上下级的关系,只有成为亦师亦友的关系,教师才能深入学生的内部去真正地了解学生,使得教学更具有成效性。

2. 翻转课堂的特征

（1）教学流程反转

翻转课堂教学模式是将传统的教学模式进行颠倒,其中变化最大的是教学模型的设计和开展,教师不仅要保证改变后的教学内容和部分是相互依存和相互连接的,还要以学习者的学习特点为中心进行重组的准备工作。传统模式的教学流程在课中可以分为教师讲授,学生解题两个部分,而翻转课堂教学模式的教学流程可以分为教师知识传授和学生知识内化两个方面。

教师知识传授包括教师制作视频和学生观看视频。①教师制作视频:教师制作视频时必须贴合课程标准和教材内容,对学生进行学情分析、内容分析和教材分析。明确讲解课时的教学重难点,同时要了解班级的学生实际情况。不仅要符合学生的心理特征,还要注意到学生时候有可利用的平台进行自主学习。结合学生的注意力等将视频内容设置在15～10分钟左右。②学生观看视频:学生根据教师发布的视频任务进行落实,可以私下自主学习,也可以在教室自习课上播放视频共同学习,学生在学习的过程中,不仅要回顾之前的知识还要总结不理解的地方,留待课上和教师共同探讨。

学生知识内化包括确定问题,自主探索;解答疑难,合作交流;及时反馈,进行反思。①确定问题,自主探索:学生已经观看了教学视频,教师将全班学生分为若干小组,每个小组组员的水平分布平均,每个小组平均6～5名学生。在课上提出一些简单知识进行回顾并引导学生提出自己在学习时遇到的困难和不理解的知识。在此过程下,可以促进师生交流,提高学生的注意力和学习的兴趣。以学生不会的问题为出发点,可以吸引学生的注意力,使教学效果达到最佳。②解答疑难,合作交流:学生提出问题之后,教师引导学生利用怎样的想法去进行推导和分析,并在学生努力过后,教师总结每道题的注意点和运用的思维方法,以及类型题之间的联系和易错点疑难点等。在课堂教学时,设置小组协作等形式,教师设置一些小组共同协作完成的任务,可以使得每位学生都参与到课堂中。③及时反馈,进行反思:在教学之后,要及时进行反思,思考教师以翻转课堂的模式对学生有什么样的帮助,学生通过新模式的教学培养或提高了哪些文学素养,学生是否真正掌握知识以及之后此类型教学模式的开展应该注意怎样的问题等。

(2)师生角色改变

翻转课堂模式下强调学生是学习的主人,学生在教学过程中占主体地位,则教师是从传统的教书匠向学生学习的促进者和引导者转变,通过讨论活动和自主探索等教学任务的设置,使学习者从原来被动地接受知识变为课堂的主人,积极主动地参与到课堂活动中来,真正地体现其主体地位。这样形式下,教师在课上有大量时间去对学生做题时遇到的疑难点和易错点进行详细讲解,设置问题链等方法得到个别学生知识掌握的反馈真实情况,从而及时改变教学进度和修改本节的教学设计,并课后反思得到更完善的教学设计。

（3）教学手段转变

翻转课堂模式下的教学手段是教师根据知识特性和学生的自主学习的能力水平，深入落实课标的要求制作视频。在学生观看视频时，眼里只有知识的书写和指导，没有同学的言语打扰和讲台等的视线干扰，并且遇到较难理解的知识可以重复观看和倒退视频进度等。这样使学生可以更深入、更透彻地理解知识内容并进行知识回顾。

（4）评价标准改变

课堂模式的转变也意味着评价标准的改变，成绩不是评价学生的唯一标准。教师可以对课前观看视频情况，导学案完成情况，课堂回答问题，课后作业完成情况，课内外活动和考试情况多方面对学生进行综合评价，使得评价更具有科学性、综合性和肯定性。

3. 开展翻转课堂需要的条件

开展翻转课堂需要以下条件：①观看视频平台和设备。学生在观看视频时可以选择多方平台，如腾讯课堂、课程派、钉钉、雨课堂和学习通等等。②教师思维转变。在新模式的教学下，教师应改变一讲到底的教学模式，而是要与学生一起讨论得出结果，是从讲解者变成引导人。③学生提高适应性。转课堂需要学生大量的知识，也使教学任务的加重。学生与积极参与，及时跟上教师的节奏。不仅完成了理论知识的传递，也保证了自身对新课堂的适应性，发展自己的逻辑和解题思维。

（二）翻转课堂在大学语文教学方式创新中的影响

1. 对课堂教材重新整理与开发

对大学语文翻转课堂教学，需要坚持以语文教材为基础，用课堂教学前所制作的教学视频辅助开展教学，学生通过学习视频对知识进行前后梳理。此课堂教学改革的影响是教师需要根据相应的教材内容对网络视频内容进行重新整理与开发，突出重难点内容。基于此，教师在制作教学视频时可结合语文教学目标与学生学情特点，将教学视频分为三部分，且每一部分都包含基础知识、问题及拓展延伸的知识点，教师在视频结尾都有下一步学习的简单指导与规划。其中，所设置的问题与知识拓展，必须围绕大学语文篇章所学的内容展开，通过测试让学生了解自己的学习情况。此外，翻转课堂教学视频可以录播，也可以借助网络设备软件进行直播，但教师需要板书，以此加深学生的印象。

2. 课堂教学预设从固定转向弹性

在传统的大学语文课堂教学中,教师教学提前做好相应的教学内容设计,在教学过程中教学的每一个步骤都有相应的预设,教师根据这一设计层层推进,很容易将课堂教学变成向学生单边传递信息的情景。在此过程中,学生虽有表达自我的机会,但教学情况由教师主导。学生的主观能动性未充分发挥,无法提升学习兴趣。而翻转课堂中教学设计只是课前的一种预设,具有很大的弹性。在整个教学过程中,教师可以根据学生上课具体情况因势利导、随机应变,突出课堂教学现场性,将教学过程自然而然展开。

3. 师生之间课堂角色的翻转

在传统教学模式中教师占据主导地位,学生处于被动地位,在教学过程中这样的地位决定了教师对学生知识传递处于单向输入状态,学生成为知识的容纳器,被动地接受所学的知识。而在翻转课堂中,学生在课前学习教学微视频,初步了解学习内容,这在拉近师生之间距离的同时,还大大缩小了师生之间知识量的差距。在此过程中,师生角色翻转,学生真正成为课堂学习的主体、课堂的主人,而教师成为帮助学生完成学业的辅助者、解惑者。此外,学生在课堂上有更多的机会表达自己,参与课堂讨论,教师则可以充分把控教学时间,将文本内容讲述得更为细致到位,以此达到较好的教学效果。

(三)翻转课堂在大学语文教学改革创新应用存在的问题

1. 教学视频内容制作难度大且经验不足

在大学语文教学改革中,翻转课堂作为一种新兴的教学模式出现,其应用于课堂教学中创新点是打破传统课堂"面对面"的课堂教授方式,借助现代网络信息技术,将教学过程以微视频方式呈现。而微视频制作并不容易,不但要满足大学语文教学内容核心要求,还需要满足大学生发展需求。不但要求教师对教学内容有深入的理解与阐述,还需要一定的微视频制作技能,以便搜索、整理、组合及上传资料辅助教学。然而,部分教师对翻转课堂教学经验不足,虽然翻转课堂对大学语文教学具有积极促进作用,但成功案例较少,需要冷静思考根据实际情况开展。

2. 重课堂教学形式而忽视内容过程教学

大学语文是一门公共基础课,具有一定基础性、人文性及工具性的特点,比理科课程的备课难度更大。在进行翻转课堂教学时,在制作微视频方面要结合语文学科特点,在初期以对语文教学知识内容理解与记忆为主,之后在翻转课堂运用较为成熟后再进行过程与方法的翻转。例如,语文语法与修辞比较适合微视频的形式制作,而阅读理解与鉴赏内容的微视频制作更为复杂一些。而对微视频制作更要注意一些教学内容并不适合翻转的,还有一些重、难点内容在翻转课堂教学中并不能完全解决,需要根据具体的课程进行详细分析使用。此外,在翻转课堂教学时过于重视形式,而对教学过程内容实践比较缺少,因此无法达到较好的教学效果。

3. 师生角色之间地位平衡难以合理把控

在传统课堂教学中,教师主导地位是绝对的,而学生处于被动地位,对语文知识的学习单纯依赖教师教学,学生学习缺少自主性与主动性。而翻转课堂在语文课堂教学中的应用,颠覆传统教学模式,突出学生的主体性,但在实际课堂教学中大多数教师过分重视学生的自由,将课堂教学归还给学生。然而,所谓师者,传道授业解惑也。教师地位在所有教育教学中都是不可或缺的,虽然学生自主探究可以使其学习更加灵活与主动,但教师的引导作用也是不可或缺的。而翻转课堂的核心是互动交流,在教学的改革中,学生地位如果被过分夸大,教师的引导作用将会被弱化,师生之间地位难以保持平衡,那么课堂教学将难以层层推进。

4. 课堂教学考核评价体系不健全且单一

翻转课堂在大学语文教学改革中的应用,与传统课堂教学与网络线上教学相比不同,作为一种新型教学模式,其课堂教学效果考核评价体系并不健全,而沿用传统教学课堂评价体系,只能由教师来完成评价,且评价内容主要集中于期末考试测评与日常网上签到方面,对学生整体学习效果评价较为片面。而在翻转课堂中,对学生的课堂教学给予综合评价,需要完善课堂教学考核评价体系,否则无法公平、公正地给予学生教学效果评价,学生不了解自身学习情况,无法给予针对性侧重于学习计划调整,而教师则无法了解自身教学存在的不足之处,反思总结自身教学水平。

(四)翻转课堂在大学语文教学改革中创新应用策略

1. 重新定位教学课程,重视教学资源建构

大学语文作为一门人文学科,涵盖了文学、哲学及美学等多学科内容知识。在大学语文教学中,将翻转课堂教学模式创新引入,需将大学语文

教材作为基础,在践行翻转课堂教学时,教师需要结合文本类型与学生实际,明确课堂教学目标,并对课程进行教学定位,以此设计翻转课堂教学形式。在进行教学时,需要重新审视课程,明确课堂教学内容与目标,重视知识教学框架建构及细节的处理,了解到哪些语文课程适合使用翻转课堂的,哪些是不适合的。比如,语文语法与修辞、阅读理解与鉴赏内容比较适合微视频制作。在制作过程中教师对所收集的资料不能简单地采取"拿来主义",而是要对其进行整理与组合,围绕学生需求开展。该教学资源既包含基础性知识,还有探究性教学问题及课外拓展等,并在微视频结尾给学生下一步学习进行指导,这样才能提高学生自主学习积极性,达到较好的课堂教学效果。

2. 合理选择教学形式,全程管理教学过程

翻转课堂在大学语文教学改革中创新应用优势虽然明显,但并不是所有的语文课程教学都适合采用该教学方法,加上教师个人素质及班级规模等因素,也会对翻转课堂教学效果产生影响。教师要根据教学内容、自身素质及班级实际情况综合判断,选择是否应用翻转课堂的教学方法。在进行翻转课堂教学时,对学生教学进行全程管理与指导。而微视频是承载翻转课堂的传播载体,学生在上课前首先应该做好课前预习,调动学习的积极性,自主进行在线学习、网络测评及疑难解答等,并在此过程中发现问题、解决问题,以此达到课前预习的效果。同时,注重翻转课堂教学实践过程,让教师传递信息变得有意识与主动,符合学生发展需求。例如,《俄狄浦斯王》翻转课堂教学,在课前制作相关课件视频资料,该视频文件以第四场戏为内容,其中穿插相关图片、背景音乐等,上传到班级群 QQ 或教学平台上,让学生在上课前将资料全部看完,之后以研习讨论方式探究所设置的问题,深层次了解俄狄浦斯情节及人与命运的关系,并通过与《雷雨》进行比较,了解中西方戏剧悲剧的异同。在此教学过程中通过教学顺序的颠覆,将知识内容教学传达最大化,以此达到预期的教学效果。

3. 注意师生角色转换,实现课堂教学相长

翻转课堂在大学语文教学中创新应用,需要注意师生角色转换。其中,语文教师从以往知识传授者转变为引导学生学习、互动的引导者、解惑者,让学生从被动吸取知识转化为主动探索知识,以此提升学生对大学语文课程的学习热情与探索欲望。从当前大学语文教学实际情况看,学生在

翻转课堂中语文表达机会增加,而教师在课后进行探究学习项目,学生之间的交流互动时间、机会增多,学生在此过程中,通过教师的适当引导与点拨可以逐渐拓展知识空间与学习深度,而教师不再是知识的灌输者,可作为指引者,让知识的教授与内化得到极致的体现。比如《俄狄浦斯王》翻转课堂教学,将教学顺序翻转,使教学时间重新分配,教学内容与资源得以最大化与最优化,在课前让学生完成基础性知识与内容介绍,最终翻转课堂完成了67分钟的教学,并将教学知识深刻挖掘与延伸,教学内容十分丰富与深入,所达到的翻转课堂教学优势明显,同时师生角色发生转变,学生成为课堂的主角,在主动式学习方式中全面提升其综合素养的发展。

4. 完善教学评价体系,改善课堂教学效果

翻转课堂教学与传统教学不同,其教学评价体系完善,需要由学生与教师共同进行。而评价内容不但包括学生成绩,还需要重视评价学生学习过程、学习能力及综合发展。从多方面给予综合性实质评价,不但包含学生日常出勤、任务完成及课堂讨论等内容,还包括学生表达能力、探究能力等。可以采取自评、教师点评及学生间互评等方式给予反馈,让教师可以反思总结其中的不足,提高自身教学能力与水平,而学生在评价后可以了解自身的不足,并做出有针对性的学习计划调整,以此推动自身个性化发展与全面发展。例如,当《俄狄浦斯王》翻转课堂教学完成后,教师可以借助网络平台布置课后作业,让学生完成作业后上传,教师先点评,之后让学生之间互相讨论发言,根据自身对俄狄浦斯王内容学习情况,找出问题,及时弥补,从而改善大学语文翻转课堂线上线下的教学效果。

第二节　调动学生对文学的兴趣

一、兴趣概述

"兴趣"是指一个人认识与掌握某种知识或参与某项活动所具有的积极情绪的一种心理倾向,并且伴随着愉悦的情感体验。如果一个学生对学习有兴趣,那无论他在课堂上还是课下都会对学习表现出很高的积极性。在课前他能提前做好预习,课堂上能认真听教师讲课,并且会因能快速回

答出教师提出的问题而感到快乐,将重要的内容做笔记,课下能及时复习功课。对学习充满兴趣的学生还乐于并善于总结自己的学习经验写出学习心得,并以能快速、高效地掌握知识为乐趣,以提升自己的智能为满足,以提高创造能力为骄傲,以促进自己全面发展为快乐。如果他能一直坚持下来,很有可能会成为各方面都非常优秀的学生。由此可见,兴趣能使人们深入地探究或者积极地接受某些事物,并且总是伴随着愉悦、满足、快乐的情绪或者情感体验。

(一)兴趣的种类

1. 物质兴趣与精神兴趣

物质兴趣表现为对各种生活用品的兴趣。例如对笔、书包、手机、电脑、电视机、汽车、房屋等生活用品的兴趣。物质兴趣每个人都有,但如果过分在乎物质兴趣,追求物质上的满足,如追求豪华的住宅、漂亮的汽车、名牌的衣物等,就会形成畸形或者低级的物质兴趣。而低级的物质兴趣会使人只在乎吃喝玩乐,变得玩物丧志,甚至会造成犯罪,所以它是我们应该摒弃的。如果一个学生不关心自己的学习成绩,而把注意力全都放在吃、穿、玩的物品上,并过分地追求"名牌",那么他的物质兴趣也是低级的。学生需要将主要精力投在学习上,所以要学会控制自己低级的物质兴趣,提升自己的精神兴趣。

精神兴趣指的是一个人在精神层面的需求,想要丰富精神世界的渴望。精神兴趣可以分为高尚的精神兴趣和低级的精神兴趣。高尚的精神兴趣一般可分为以下三个部分:第一是对知识的兴趣。如对物理、化学、生物、数学、心理学、哲学等知识的兴趣,基本上能涉及人类知识的各个领域。对于这个年龄段的学生来说精神兴趣最主要的内容就是对知识的兴趣。第二是对文体活动的兴趣。包括琴棋书画、诗词歌赋、音乐舞蹈、体育活动等。对文体活动的喜好,一方面可以满足青少年活泼好动的天性,同时这也是他们的自我需求,在精神层面得到极大的享受,心情变得非常愉悦,它也能使自我变得更加完美。第三是对社会活动的兴趣。如对国内外商界政界的各种大事、学校组织的活动以及交友的兴趣。

物质兴趣和精神兴趣一般会密切联系,相互交叉在一起。一个人不可能只有其中的一种兴趣而没有另外的一种。生活虽然离不开物质兴趣,但是高尚的精神兴趣更能彰显一个人的素质涵养和素质,所以精神兴趣要比物质兴趣更加重要,它是为高尚的精神兴趣服务的。因此,在日常生活中我们不能只追求物质兴趣的满足,更要追求精神兴趣尤其是高尚的精神兴趣的满足,这样才会更加有利于我们的学习、工作和发展。

2. 直接兴趣与间接兴趣

直接兴趣就是指由事物或活动过程本身引起的兴趣。一般稀奇罕见的事物,或者符合人的需要事物,较容易引起直接兴趣。如一个喜欢动物的人,在看到《动物世界》《人与自然》等电视节目中介绍关于动物的科教片时,总会不由自主地多看一会儿,学起生物方面的知识来总是表现得兴致高昂、全神贯注。间接兴趣指的是对某项活动本身并没有兴趣,而是对该活动所达到的目的或产生的结果感到需要而产生兴趣。在学生日常的学习过程中,有许多学科的许多内容很可能是枯燥无味的,因此他们需要更多地依靠间接兴趣去学习。

直接兴趣和间接兴趣对学生的学习来说都很重要,两者缺一不可。它们能促进学生更加积极主动地学习,激发出他们更强的求知欲望,让学生对学习的态度变得更加积极。一般来说,部分学生的学习在开始的时候受直接兴趣的影响较大,他们是否对学习感兴趣,更多地依靠所学内容的生动性和教师教学方法的吸引力。随着他们知识经验的增加以及人生观、价值观的形成,他们会逐步地认识到学习的更深层的意义,学习不仅仅是从课本中得到知识,更重要的是对自己未来发展的影响,如何在社会上立足,如何实现自己的远大抱负,如何改善自己的生活状况等一系列的问题都将成为学生学习的强大动力。而这些想法的产生都源自对学习的间接兴趣。

直接兴趣与间接兴趣在一定条件下可以相互转化。学生在学习过程中如果遇到的知识符合他们的需要,或者与他们的既有知识经验相一致,那么就容易激发他们对学习的直接兴趣。但是如果他们在学习中遇到了困难,感觉学习是一件枯燥的事,缺乏继续学下去的动力时,就需要激发出学生的间接兴趣,这样才能让他们重新燃起斗志。在学习上我们只有把学生对某一事物的直接兴趣逐步地转化为间接兴趣,那么他的这种兴趣才能持久地保持下去。比如,一个喜欢学语文的学生,一开始可能被语文活动本身的乐趣所吸引,因此表现出一种积极的学习状态。但是,随着教学难度的增加,古诗词和文言文的出现,尤其遇到一些不能解决的问题,他便感到学习的乏味,甚至不愿意再学。这时如果他认识到了学习语文的社会意义,用自己的意志力去克服遇到的困难,继续保持积极的学习状态,那么他对语文的兴趣就从直接兴趣变成了间接兴趣。如果间接兴趣能够得到直接兴趣的辅佐,那么这种兴趣也就更扎实,这种现象在学生的学习中更加普遍。学生喜欢学习某门学科,开始并非出于对学科本身的兴趣,而是由于知道学习某一门学科的作用,需要这一学科的相关知识,对它产生了间接兴趣,从而才去学习那种自己本不感兴趣的东西;同时由于长时间顽强地学习,克服了困难,他对这门学科了解越来越全面,从中发现的令自己感兴趣的内容也越来越多,逐渐对这门学科产生了兴趣。这时,他的间接兴趣又转变为了直接兴趣,进而他会在学习中获得更多的快乐,不再认为学习这门学科是枯燥无味的了。

如果一个人既对活动本身感兴趣,又对活动结果感兴趣,那么这个人就会把全部的精力都投入进来。在活动过程中可能会表现出很强的创造力,可能取得较好的活动成果。由此可见,如果一个人能把直接兴趣与间接兴趣有机地结合起来,利用好两者之间的相互转化关系,那么他在活动中一定会收获颇丰。因此,作为教师的我们要善于激发学生对所学学科的直接兴趣,再把学生的直接兴趣引到对学习结果的需要而产生间接兴趣;再运用多样化的教学方法把学生的间接兴趣转化为直接兴趣,这样直接兴趣和间接兴趣反复交替,共同促进学生更加积极主动的学习,收到更好的学习效果,并且在学习中获得更多的快乐。

3. 广阔兴趣与中心兴趣

广阔兴趣就是对多方面的事物或活动都感兴趣。一个兴趣广阔的人对自己专业之外的专业,对自己工作之外的工作,课内学习之外的其他学习都有兴趣。有广阔兴趣的人经常能注意到多方面的新问题,处处留心学习,因而能获得广博的知识,也能开阔眼界,使生活丰富多彩。而有的人的兴趣单调贫乏,除了对自己所学的功课、所从事的工作或专业有些兴趣外,对其他任何事情几乎都没什么兴趣,这一类人就是兴趣狭窄的人。兴趣狭窄的人,生活内容通常也是单调贫乏的。

古今中外有成就的人大多具有广阔的兴趣。马克思之所以在哲学、政治经济学、科学社会主义领域都作出了杰出的、具有划时代意义的贡献,这与他广阔的兴趣和渊博的知识分不开。马克思总是以满怀兴趣的目光注视着知识领域的一切。他在伦敦的工作室是书的海洋,不仅有与他研究领域密切相关的,而且还涉及文学、修辞、法律、艺术、科学、宗教等方面,并且在这些种类繁多的书上都做了记号,标着"已读过"或"作了相应的摘要"。此外,马克思在业余生活方面也有广阔的兴趣。在业余时间。他喜欢和女儿们做游戏;他喜欢下棋,运用数学优势击败对手;他也热爱大自然,去看大海看海象,看小动物……他的博学多才与非凡的成就与他广阔的兴趣分不开。当今社会更是一个各种学科相互渗透、相互融合的时代,因而,仅有某一学科的知识和兴趣,很难适应现代社会的需要。因此,教师在培养学生兴趣时也不能仅仅局限于自己所教的学科,也要给学生渗透一些与本学科相关的其他学科相关知识,培养他们多方面的兴趣。

中心兴趣是指在广阔兴趣的基础上,对某一方面的事物或活动有极浓厚而稳定的兴趣。一个人只有广阔兴趣而没有中心兴趣是很难有所建树的,要想成就一番事业就必须有自己的中心兴趣。广阔兴趣侧重于广,即广博的兴趣,是对生活中方方面面的事物都有兴趣。中心兴趣侧重于中,即集中的兴趣,是对生活中某一具体的事物情有独钟。中心兴趣可以让一个人对他所热衷的事物或者活动变得更加专注,投入更多的精力去做自己喜欢做的事情,因此也更容易在这一方面取得更大的成功。

广阔兴趣和中心兴趣看似是矛盾的,但是对于学生来说,广阔兴趣和中心兴趣都是必需的。培养广阔兴趣可以让学生了解各种不同层面的知识,为自己积累更多的知识储备,打下坚实的基础,所谓见多识广。没有广阔的兴趣,就找不到自己中心兴趣所在。培养中心兴趣可以让学生变得更加专注,在某一具体的方面研究得更加深入透彻,在研究过程中其他方面的兴趣不仅不会成为拖累,相反它们还很有可能成为发展中心兴趣的助推剂。

4. 稳定的兴趣与兴趣的转移

稳定的兴趣指个体对某事物或活动长期地保持浓厚的兴趣。它能使人长期保持比较专注的状态,能把人的注意力和探索热情指向研究的问题并且进行长期的研究,而且还不会觉得枯燥无味。它往往能使人发现别人未发现的东西,学会别人还未学会的技能,从而使人走向成功,并取得丰硕的研究成果。

兴趣的转移可分为两类不同性质的转移,一类是主动的转移,另一类是被动的转移;前者是以高层次的需要为背景产生的,而后者则是以低层次的需要为背景产生的。一般来说，主动转移后的兴趣是比较稳定的，有利于人的学习和发展。国内外许多学者在成才之路上都有过兴趣转移。也有一些人缺乏崇高的理想和克服困难的意志力，稍微遇到一些困难和挫折就发生兴趣的转移，今天喜欢这个，明天喜欢那个，朝秦暮楚，见异思迁，没有稳定而专一的兴趣，这种不稳定的兴趣就难以形成一种内在动力，也绝不可能表现出对学习与工作的耐心与恒心，也不可能成就一番事业。

对于一个成年人来说，不仅要有稳定的兴趣，而且要用自己坚强的意志成功地、有效地去控制自己的兴趣，必要时要转移或改变自己的兴趣，随着年龄的增长和思想的成熟，不是喜欢干什么就去干什么，而是需要干什么就去干什么，这种需要是国家的需要，社会的需要以及充分发挥自己能力的需要，这是一个人做出卓越贡献的条件之一。

（二）兴趣的特点

1. 兴趣具有一定的稳定性

兴趣作为一种认识倾向，它本身具有相对的稳定性。一个人喜欢什么事物，讨厌什么事物往往都是比较固定的，一般不会轻易改变。而那些由于事物自身特点引起的，偶尔出现的对某一事物的认识，并不能作为兴趣的表现。

2. 兴趣会引发动机

一个人对他感兴趣的事情或活动更容易产生动机。比如，一个学生对阅读感兴趣，对弹钢琴不是很感兴趣，但是家长让他学习钢琴并且还要考级。在没有家长监督的课余时间里，他更倾向于读书而不是去选择练琴。

3. 兴趣会因愉悦的情感体验得到加强

动机会激发出兴趣，但是需要将动机付诸行动，行动结果的好坏会对兴趣造成不同程度的影响。比如：一个从来没有打过乒乓球的学生看到别的同学在打乒乓球，感到很有趣，自己也想打一下，这就产生了打乒乓球的动机，也对打乒乓球这个活动有了一点兴趣。亲自尝试之后结果发现，自己怎么也打不好，总是失误，还遭到了其他同学的冷嘲热讽，于是他很可能变得很失落，以后再也不想打乒乓球了，也就对打乒乓球这一活动失去了兴趣。相反，如果他第一次尝试的时候虽然打得不是很好，但比一般的初学者要好，并且受到了同学们的赞赏。这样他就会产生愉悦的情感体验，而这种体验就是打乒乓球这一活动带给他的，所以以后他对打乒乓球的兴趣会更加强烈。

(三)兴趣的作用

兴趣对一个人的思想和行为的影响是非常显著的,无论是一个人每天点滴的所作所为,还是取得的伟大成就都少不了兴趣的功劳。

1. 始动、定向作用

兴趣对活动具有始动和定向作用。古今中外有太多的艺术家、科学家最初都是在兴趣的带领下才开始了他们的创作和研究,并一直坚持下去。享誉世界的作曲家贝多芬,他将音乐创作视为自己的生命一生创造了无数感人肺腑的乐曲;大发明家爱迪生的人生追求就是揭示大自然的奥秘,并以此为人类造福;德国伟大作家歌德认为:"如果工作是一种乐趣,人生就是天堂。"他们之所以做出巨大成就,都是出自对自己所从事的工作的兴趣。

2. 动力作用

兴趣对活动的最突出的作用就是它的动力作用。所谓兴趣的动力作用,是说兴趣可以直接转化为动机,使人产生克服一切困难的勇气和坚韧不拔的毅力,激励人们忘记疲劳,努力工作。

3. 陶冶作用

不同的兴趣会带给人不同的生活经历,产生不同的情感体验,高雅的兴趣可以丰富人的精神世界,提高人的思想道德修养,使的内心变得更加充实,陶冶高尚的情操。一个兴趣狭隘的人,对生活中的很多事情都漠不关心,感受不到生活的乐趣,内心也只能变得越发空虚,生活也只能变成一种煎熬。

4. 兴趣对学生的作用

兴趣对学生的学习具有促进作用。学生只有对所学的知识感兴趣,才更容易激发出学习的动机,才能在学习上投入更多的精力,更认真地对待学习,他们的学习效率也会随之提高。因此,作为教师我们要利用好这种优良的教育手段和有效工具,激发学生对学习的兴趣,让学生从讨厌学习变得喜欢学习,从被动地接受知识,变为主动地汲取知识,并且能从学习过程中收获快乐。

(四)兴趣教学法

"兴趣是最好的老师",这句名言揭示了朴素而深刻的道理:学习者一旦对学习对象有了浓厚的兴趣,就会主动去求知、探索和实践,并在这个过程中产生愉快的情绪和体验。而学习中产生的浓厚兴趣,又会反过来激发学习者的求知欲望,从而使兴趣与学习形成良性互动。兴趣教学法是指利用学生力求认识、接触和掌握某种事物的意识倾向,引导他们通过积极健康的活动,养成良好行为习惯的教育方法[①]。

二、调动学生文学兴趣的方法

大学语文中涉及不少我国古代的文学作品,它们包含了中华民族数千年以来浩如烟海的文学遗产,时间跨度极长,作品极为丰富。这些文学作品除了传授文学史知识、传承优秀传统文化之外,还承担着提升学生文学鉴赏和写作等方面能力的任务。然而,我国古代的文学作品由于创作时代久远,其语言、创作背景等与今天的社会生活差别较大,客观上给学生带来了学习上的障碍。基于此,教师在教学中可以应用兴趣教学法,找准学生的兴趣点,有的放矢,突出学生在学习中的主体地位,提高其学习兴趣。同时,教师还应结合传统文化的价值取向,培养学生的责任感,引导学生完善人格。

学生是学习的主体,也是教育的主体。课堂上教师的一个声音、一个手势、一个转身都有可能留给学生美好的记忆。学生对文学的兴趣,对文学知识的掌握,对文学研究方法的研习,需要研读教师的科研论著,也需要课堂教育的体制。教师无论采取何种教学方式,要想取得好的教学效果,都必须在教学过程中重视每一个学生,尽可能营造宽松、愉快的学习氛围,让所有学生取得进步。

(一)根据学生个性差异设置问题,分类评价

学生个性千差万别,要想使每一个学生都取得进步,就必须因材施教。教师要针对不同性格和学习能力的学生设置不同类型的问题,对学生采取不同方式的评价策略,以期所有学生都取得最大程度的进步。对那些大胆、勇于表现自我的学生,应多提问一些较为复杂的问题,对其回答应在赞

---

①吴森. 兴趣引导法对高校普修毽球课学生学习效果的影响[D]. 新乡:河南师范大学,2022.

赏的同时客观指出存在的主要问题,这种方式有利于这类学生进步。对内向、不善于在众人面前表现自我的学生,教师最初提问应以较易回答的简单问题为主,对其回答应以鼓励为主,使其增强信心,更愿意主动去学习。当教师充分认识到学生主体地位的重要,并尽可能维护学生的主体地位时,学生学习的主动性才会空前高涨。

(二)挖掘传统文化精华,提升学生学习兴趣

文化是一个国家、一个民族的灵魂。中国古代文学作品教学的内容包含了中华民族数千年来浩如烟海的文学、文化遗产。继承其精华,对全面提升学生素质,有着不可估量的重要意义。而且,因为文学作品在描写、抒情、个性化等方面的优势,使得相关文化内涵能够得到更加丰富、细致、鲜活的显现,所以通过古代文学作品体认传统文化,通过古代文学教学来进行文化传承,也是一个非常好的途径。作为古代文学课程的教师,应该在教学理念、教学内容和方法等方面进行改革创新,尽力挖掘出课程中蕴藏的文化精华,对学生进行生命意识和审美情趣等方面的教育,培养学生的爱国情和强国志。

在中国古代文学作品的教学中,可以用来对学生进行思政教育的资源非常丰富。许多优秀作家,一生艰辛、坎坷,却始终具有悲天悯人的博大胸怀,始终不忘对国家的忠诚、对民众的眷念。讲解相关内容时,教师除了围绕抒情性、表述方式、文体特征、个性化等概念进行文本阐释外,更应该突出表现其中的爱国主义元素。例如,讲解屈原《离骚》诗篇时,就要特别注意引导学生了解屈原的爱国事迹,让学生深入理解屈原作品中的爱国情怀。讲解杜甫时,让学生在课前预习环节中对杜甫的生平遭际做深入了解,让学生找出自己最欣赏的杜甫诗歌。课堂上,先让学生说一说自己喜欢这些诗句的理由,再进行补充、总结。由于学生课前已经做了较为充分的准备,上课时的发言就比较生动、精彩。学习白居易诗歌时,强调了白诗"文章合为时而著,歌诗合为事而作"的现实关怀;讲解苏轼章节时,注重引导学生认识、学习苏轼乐观旷达的精神。实践证明,通过积极主动地继承传统文化精华,学生的学习主动性和个体品质得到了明显提升,学生的文学素养和审美能力也得到了快速提升。

（三）用富有新意的教学形式，调动学生积极性

随着信息交流日益变得迅捷、方便，大学生更易受到多元文化的影响。他们思维活跃，更喜欢新奇、生动、多样化的教学形式，教师教学时，应尽可能考虑到这一点。这样，教师更能让学生感受到其学习主体地位的被尊重，从而提高学生的学习兴趣。

课堂教学时，除了运用文字外，教师还要尽可能运用其他元素来刺激学生感官，提升其学习热情。实践证明：在课堂上使用的幻灯片中插入一定数量的精美图片、音频资料，能明显提高学生的学习兴趣。另外，在课堂上精选中国大学 MOOC 网或者超星视频上一些名师授课的精彩片段给学生播放，也会调动学生学习的积极性，提高其学习效率。例如，播放了相关的诗歌朗诵视频，学生很容易就会被优美的画面、悠扬而悲怆的音乐吸引，情不自禁地盯着屏幕看，很自然地跟着吟诵。学生在感受深沉诗境的基础上，也记住了诗篇中一些脍炙人口的诗句。另外，为学生提供一些形象性的知识信息，例如用多媒体播放作家画像、作品的重要版本图片等，都有助于激发学生的学习兴趣。

（四）重视古诗词吟诵，提升学生学习兴趣

吟诵诗歌对于理解诗歌含义和思想情感具有重要意义。叶嘉莹先生曾言：吟诵诗歌"能将古人诗歌原有的韵律与自己读诗时的感情融合在一起，使自己的生命和诗人的生命结合起来，令诗歌的生命延续，生生不息"[1]。吟诵诗歌也是学生非常喜欢的一种学习方式。教师可以在微课、教学课堂上给学生播放相关诗词的经典诵读视频，让学生充分感受到古诗词的节奏和韵律之美，更好地体会到其中所蕴含的作者情感。当然，教师也必须让学生掌握一些基本的朗诵方法和技巧，如平声字要读得长一些、低沉一些，仄声字要读得相对短一些、响亮一些；五七言近体诗句子的节奏应该是"2-2-1""2-1-2""2-2-2-1""2-2-1-2"；词的朗诵，也要注意格律和平仄要求。另外，诗词在吟诵前也要特别注意理解诗词内容，确定情感基调。

（五）介绍学术新信息，吸引学生注意力

教师在教学中向学生介绍学术新信息、新动态，使教学始终贴近学术前沿，这有利于激发学生学习兴趣。实践证明，课堂上最能够吸引学生的，

---

[1]王群,陆澄,朱米天,等. 中华朗诵 4[M]. 上海:复旦大学出版社,2015.

往往是教材之外的一些内容,特别是与课本内容同中有别的学术新动态。当然,给学生进行相关介绍的时候一定要谨慎,尽量找权威期刊上的合理观点,这样才能开阔学生的学术视野,培养学生的学术兴趣,为学生日后进行更深入的学术研究做一些启蒙工作。

第三节 将文学素养融入教学的各方面

一、在大学语文阅读教学中融入文学素养培育

(一)大学语文阅读教学中融入文学素养的全新方向

1. 大学语文教学需突出学生的课堂主体地位

语文教学必须以重视全体学生的学习成果为方向,积极培育学生的文学素养,而并非机械性地传递知识。语文教学需密切围绕学生这一主体而展开一系列的教学规划。语文教学不仅要做到以人为本,还要引导学生成为学习和教学过程的主导者,教师需从以往的教育者角色向引导者角色转变。大学语文阅读教学以培育学生的阅读能力为主要目标。所谓阅读能力,更多情况下倾向于培育学生的语言应用能力。阅读是语言应用的重要基础,是帮助学生更精确、更全面地了解语言内容的重要过程,更是提高大学生文学素养的关键要素。因此,大学语文阅读教学必须突出学生在课堂的主体地位,教学规划、教学内容、教学方法都要以提高学生的学习地位或引导学生认识到自身主体地位为前提而进行设定。教师在课堂上要注重学生的个体思想和创造性表现,将课堂交还给学生,鼓励学生多发表自己的见解,促进学生成为学习的驱动者。

2. 教师提问需契合学生特点和实际需求

大学语文阅读课程的教育需契合学生特点。对于人文社科专业的学生,大学语文阅读教育可以提升学生的语言能力,培养学生在中文方面的综合能力和文学素养。对于工科专业的学生,学习语文阅读知识,可以强化学生的语言文字表达能力,提高学生文学素养和精神内涵。面对不同专业的学生,教师必须调整大学语文阅读教学方法,提问必须基于学生的个性特点和对语文阅读知识的实际需求调整方式与内容。教师对学生的提

问必须具有针对性、启发性，能够让学生在回答问题的过程中不断思考，充分理解某个阅读知识点的实际含义。教师提问要注重创新，让学生基于文章本身，对文章的行文叙事产生更新的理解。以往的大学语文阅读教学基本以教师为主导，大学语文阅读教学需朝着更具创造性的方向发展。

3. 阅读能力的培育要注重实用性

许多专家学者表示，高校语文阅读教学与其他学段的语文阅读教学存在本质上的差异，大学语文阅读教学必须培育学生的综合应用能力，要求学生不但要掌握阅读的基本技巧和进阶知识，而且要学会在合作研讨中深入研究文章，并基于文章提升阅读和写作能力。这要求学生每一遍阅读都必须切实有效，能够真正提升阅读能力。教师虽然是教育者，但更重要的是帮助学生掌握自主学习和实际应用能力的引导者。大学语文阅读教学虽然是以某篇文章作为研究对象，但学生的思维必须足够开阔，能够将文章中的内容与自己的感想和日常生活结合在一起，展开系统性的逻辑分析，深入思考，这样才能提高阅读能力。

4. 使学生养成良好的阅读习惯

良好的阅读能力建立在良好的阅读习惯基础上，学生只有真正认可阅读，能够在阅读的过程中获得满足感，以及明确培育自身阅读能力的重要性，才能真正融入语文阅读，主动吸收新知识。从这一点来看，教师在教学过程中必须使学生养成良好的阅读习惯。但对于大学生而言，其个人的学习习惯已经相对成型，要想重新养成良好的语文阅读习惯并非易事，尤其是要想在课堂上培育阅读习惯难度更大。对此，教师不仅要做好阅读教学的本职工作，还需要以潜在的形式培育学生的阅读习惯。学生阅读能力的形成需要一定的时间和经验作为基础，学生必须在课上课下都能够定期阅读，且带着目标思考与阅读，并积极写下阅读心得，与同学就某些问题展开讨论。教师对大学语文教学的优化需覆盖课上、课下，且教育引导的力度须更大。

（二）大学语文阅读教学中融入文学素养的新策略

1. 基于暗示启发教育法，创造阅读学习动机

大学语文教学应充分提高学生的主体地位，关键之处在于要让课堂直接为学生的学习而服务，这就需要教师从正式开展教学的第一阶段直接引导学生融入课堂情境，与教师一同针对某篇阅读文章展开研究。教师可使

用较为现代化的暗示启发教育法帮助学生形成学习动机。暗示启发教育法是指通过某些学生比较感兴趣的话题,暗示学生在该话题的背后还有可深究的真相,激发学生兴趣,而教师后期为学生提供的教学则应该对学生有启发性作用,解答学生对暗示的疑问,帮助学生加深对阅读知识点的印象。

例如,在大学语文阅读教学中,关于影视戏剧文学的内容理解难度较大。对此,教师可以通过讲解英美历史中的某些经典人物及其对应关系,用所谓的"八卦"吸引学生的课堂注意力,而后结合不同的时代背景,暗示不同人物关系的发展走向与时代变革之间的关系。通过暗示学生后续的讲解会有精彩内容,使学生沉浸课堂。同时,教师可以借由这一思路,为学生讲解阅读材料中作者如何利用人物表达对时代变迁的感受,以及不同人物矛盾之间的情节安排能够起到怎样的心理暗示作用。如此一来,教师不仅可以为学生创造阅读动机,还可以有效教授学生阅读技巧。

2. 基于刺激反应教学法,借助大量案例促进学生理解知识

在引导学生形成强烈的学习动机之后,教师需要进一步加强引导,帮助学生加深对阅读知识点的理解。教师可使用刺激反应教学法,通过刺激大学生的学习动机,引导大学生产生学习竞争心理。教师可以借助大学生对竞争的欲望,将大学生的求知欲转变为对阅读的兴趣。但该教学法使用的前提是教师必须为学生提供大量有价值的阅读案例,以锤炼学生的阅读技巧。

例如,教师在帮助学生分析影视戏剧文学的创作特性时,可以给学生提供国内外经典戏剧的剧本,要求学生总结出国内外文学和不同作者在戏剧文学创作时的主要技巧。同时,教师可以设置奖励机制,即研究成果最贴合正确答案的学生可以获得加分奖励,激发学生的竞争心理,使学生课后能更积极地查找资料,深入对比教师提供的案例,从而得出结论。在整个过程中,学生无论是思考还是得出结果,都完全取决于学生自己的独立性判断。这不仅可以进一步提升学生的阅读能力,还能够让学生在大量阅读与研究的过程中开阔文学眼界,提升文学素养[①]。

---

①李振峰. 先秦文学经典阅读在大学语文教育改革中的意义[J]. 湖南科技学院学报,2017,38(12):27-28.

3. 基于问题求证分析法,引导学生主动精进阅读技巧

除在竞争中学习之外,许多大学生更喜欢自己独立思考某个课题,在整个过程中获得的成就感也会更强,更利于激发其对语文阅读的兴趣。大学语文阅读教学应重视提高学生的主体性和独立性,尊重学生个体的心理发展。教师可采用基于问题求证分析法,引导学生主动精进阅读技巧。

问题求证分析法是指教师在完成一系列教学工作后,就某个问题或课题提出疑问,要求学生在规定的时间内解答。或教师就某个阅读素材提出自己的理解,学生提出疑问,而后教师和学生就具体的观点展开辩论。在整个过程中,学生需要不断基于专业资料佐证自己的观点。学生可以继续积累阅读知识,不断充实自我,且学习的目的性更加明确,学习体验也更加愉悦。但求证分析法的应用要点在于,无论是教师提出的问题,还是教师引导学生对某个观点产生疑问,该阅读知识点都必须具有切实的研究价值,并且要有足够的研究空间,这样才能保证学生在探究过程中能积累足够的阅读知识。

4. 基于查问归纳学习法,做好课外阅读辅助教学

大学语文教学需要教师改变保守的教学策略,这意味着教师不仅需要改进教学方法,还要打破课堂教学的时间限制,充分利用学生的课后阅读时间。对此,教师可使用查问归纳学习法辅助学生做好课外阅读。查问归纳学习法是指教师不应直接对学生的课外阅读方式方法、阅读内容做出规划或要求,而是要顺应学生课外阅读的具体喜好,帮助学生归纳课外阅读材料中的知识要点。

例如:针对人文社科学生,可以基于学生不同的专业开展课外阅读。在阅读过程中,学生应明确如何利用简短的语言,更精准地表达自己的想法。教师定期询问学生的阅读积累情况,引导学生总结与归纳阅读经验,让学生在归纳的过程中将碎片化的阅读所得整合为有逻辑性、系统性的阅读经验,进一步充实阅读知识积累。针对工科学生,可以将学术文献作为阅读材料,也可以根据自身的爱好随意阅读。教师帮助学生掌握不同类别文章的行文格式,指导学生理解学术论文的创作要义。学生课后喜欢阅读漫画这类文字较少的读物,教师也可以帮助学生理解如何通过画面语言和文字语言形成的交互作用传达故事的中心思想。教师将自己的阅读经验代入学生所选择的读物并加以传递,有效提高大学语文阅读教学质量。

课外阅读是提升学生文学素养的有效途径,首要任务是提高学生的学习兴趣,一旦学生有了浓厚兴趣,他们就会认真对待大学语文这门课程,并会投入较多的热情和精力,这样大学语文培养学生文学素养的目标才会得以实现。

(1)课堂精讲与课外阅读相结合

教师要根据教学大纲要求,以文学经典的教育功能为出发点,对文学经典进行分类处理,做到课堂精讲与课外阅读相结合。目前各校大学语文教材所选的内容,有的以中国文学史为线索,有的以文体特点为框架,有的以道德教育为单元。有些学校由任课教师根据自己的研究领域或专长自行确定篇目,而有些学校则兼顾时代、流派、思想、作者等要素,统一规划篇目,还选入一些国外经典,涉及面较宽。

要做到课堂精讲与课外阅读相结合,首先要确定课堂精讲篇目和课外泛读篇目。关于精讲篇目的选择,应当从四个方面去把握:一是选择最有影响力的作家的作品,作家的人格魅力会影响读者,比如孔子、杜甫、苏轼等;二是选择富有批判性,引发人去深度思考的作品,培养大学生对社会、人生、生命问题思考的独立性;三是注重审美效果;四是注重文化传承,包括中华民族和全人类的优秀文化遗产。课外阅读是课堂内容的延伸,它要与课堂教学内容紧密结合,通过一些较有影响的作品引导学生进行横向、纵向的延伸阅读。

(2)课外阅读与课堂交流相结合

单凭十几次大学语文课堂教学对大学生进行人文教育是远远不够的。笔者在教学实践中发现,采取课外阅读与课堂交流相结合的方法是提高学生兴趣和教学效果的一条有效途径。人们常说,语文学习,功夫在课外。因此,教师要提醒学生,不要把眼界仅仅局限在课堂,而要在课外进行延展性阅读,要充分利用课余时间,以经典阅读取代玩游戏、睡懒觉等不良行为,养成坚持阅读的良好习惯。一旦良好的阅读习惯养成了,语文教育中人文的、审美的、文化传承等问题都会迎刃而解。

当前大学语文课堂教学现状是,多年来形成的讲授为主的教学方法难以突破,大学教师仍沿用大讲堂式的教学法,并享受这种传统的课堂氛围。但是从学生的反映看,教学效果并不好,即使大师来上课,学生也很难始终如一地保持高度兴趣。倘若教师能改变观念,在课堂讲授的基础上,要求学生结合课堂教学,在课外进行阅读准备,并在课堂上积极发言讨论,就会大大增加学生对这门课程的学习兴趣。

阅读与交流的学习过程要体现"以学生为主体,教师为主导"的教学理念,注重课程目标的落实和学生学习兴趣的提高。具体实施过程中,教师要针对课堂精读篇目确定课外阅读篇目,拟定针对性较强的思考题,将文学审美、人文情怀、文化遗产继承等教学目标落实到课外阅读篇目中。这样的语文课外延展学习,既解决了该课程课时少、内容多这一矛盾,又有效地发挥了学生学习的自主性和积极性。

(三)考核学习过程

大学语文"文学经典阅读"中宜采用过程性评价,整个课外阅读过程就是考核过程,具体做法如下:第一步,在开课时布置课外阅读篇目,要求学生课外完成一部经典文学作品(长篇小说、文集、诗集等不限)的阅读,抄录1万~2万字的读书笔记,并撰写2000字左右的读书心得,作为阅读交流时的发言稿。教师精选五十本左右课外阅读篇目,比如《平凡的世界》《约翰·克里斯朵夫》《目送》《瓦尔登湖》等,并将其编为一份比较成熟的拓展阅读书单,让学生在篇目中自选一本进行阅读。本部分内容占总评成绩的20%。

第二步,在读书过程中,每个学生根据所读篇目进行发言,同大家交流阶段性的读书心得。第二周就可以进行读书交流了,每节课规定二至三人发言,每位学生的发言时间控制在3分钟以内。本部分内容占总评成绩的10%。

第三步,期末安排一次比较正式的"大学语文读书交流"主题活动,由课代表、班委、团支部共同组织。读书交流的主要内容是介绍所读作品的创作情况、作品内容、读后感等。读后感可以是作品的主题思想,也可以是作品的艺术特色,包括人物形象、语言特点、情节结构、细节分析等。这种做法,能有效地激发学生读书的热情和自我表现的欲望,使得读书的效果得到进一步的提升。本部分内容占总评成绩的10%。

总之,"文学经典阅读"是大学语文课程的基础,教师要明确教学目标,改革教学方法,将课外阅读和课堂交流相结合,以学生为主体,鼓励学生课堂积极交流,课外主动阅读,激发学生的阅读兴趣,用文学经典去引导和影响学生。唯有如此,才能充分发挥大学语文的教育功能,培养出会写作、会沟通、能审美、有人文情怀的人格健全的大学生。

二、在大学语文鉴赏教学中融入文学素养培育

对于学生来说,学好语文对掌握其他学科课程大有裨益,在学习语文课程过程中,能不断提升学生的文学素养,培养语言能力,从而促进学生全面发展。文学素养是学生学习大学语文课程过程中重要目的之一。大学语文教学在这一背景下愈发需要提升文学鉴赏课程的质量,文学作品需要不断创新,需要更好的思考方式和思维理念进行改革。在大学语文教学课程中,文学作品鉴赏是必不可少的学习内容,通过对作品进行鉴赏来提升文学理解能力。而学生综合能力也能在作品学习中不断提升,并对塑造健康的人格和心灵具有助益。

(一)文学作品鉴赏教学的意义

1. 引领学生体会文学作品,使学生感知文学美

学生往往个人生活阅历相对较浅,思想水平并没有达到较高的标准,个人的感情及兴趣也有待培养,文学素养也并不充分。学生对于一些文学知识和其他信息的积累相对较少。因此,在文学作品鉴赏教学过程中,教师必须利用作者的艺术信息,不断启迪学生,让学生对文学作品的认知不断得到拓展。文学作品就犹如矿石一般,通过深入挖掘能够启迪学生的智慧,拓展学生的眼光,不断充实学生的阅读经验,学生的思想情感和意志将在文学鉴赏的帮助下得到持续发展,这是文学作品对学生长期成长进步的重要作用,也是文学作品培养学生感受文学之美的突出效果。并且在语文教材中,大部分文章都属于文学作品,教师应当以这些文学作品为重要的教育资源,不断挖掘其中的文学珍宝,寻找文学作品中美的因素,利用这些因素之间的紧密联系,构建起完整的文学之美。

在文学作品鉴赏教学开展中,教师要使学生充分阅读文学作品,并以此为基础,引导学生分析作品中美的因素,帮助学生形成文章提纲,从而让学生感受文学作品的整体美感。为实现这一教学目的,教师要使学生针对文学作品展开充分的阅读,对文章中的景物美、环境美、心灵美等众多因素展开逐一分析,理清文章主线,引导学生体会文学之美,利用文章整体结构,让学生能够明白文章的巧妙安排,以此来激发学生的好奇心,让学生主动去感知文章的内在美。教师应当在文学鉴赏教学中不断突出文学因素,

让学生体会文章的艺术境界,满足学生对美的需求,让学生对美的感知能力得到充分提升。这一教学目的对教师的教学能力提出了较高要求,为实现充分的教学效果,教师应当在备课阶段深入钻研文学作品自身,从专业角度挖掘文学作品中的内在美感因素,寻找这些因素之间的联系,构建起文章的整体结构,形成探究文学作品鉴赏教学的完整思路。而对于不同体裁的文学作品,教师应当加以区别,通过精心挖掘,不断培养学生全面感知美的能力,让学生通过日积月累,逐渐形成灵敏的感知美的嗅觉,为学生的阅读能力和写作能力提升奠定坚实基础。

2. 利用文学作品鉴赏方法,使学生接受文学美

文学作品往往通过文学性描绘,将作者心目中的事件、人物进行表达,而读者通过阅读鉴赏,将会领会作者心中的印象,这就是文学作品所表达的美。在文学作品鉴赏教学过程中,教师应当利用积极的课堂活动,以尊重学生个性为基础,让学生充分掌握文学作品的鉴赏方法,利用学生的创造力,不断使学生接受文学的美。具体来看,教师利用学生的日常生活,以学生的生活体验为基础,类推文学形象,可以让学生结合个人的生活感受,不断分析文学形象,从而产生身临其境的阅读感受;这种阅读方式在散文、小说的阅读过程中可以被充分使用。教师让学生对文学作品的形象进行充分联想,不断揣摩作品形象的内在意蕴,能使学生利用主观化形象,不断理解作者的主题思想;这种方法对于诗歌类文学作品十分适用,与此同时,教师让学生透过文学作品自身,体会作品蕴含的内在思想,形成沉浸式的文学阅读,也可以让学生不断融入文学作品情境之中,感悟作者的思想和写作目的,以此来为促进学生阅读理解能力作出积极贡献,让学生不断接受文学之美。当学生充分掌握了文学作品的鉴赏方法,学生将会更容易接受文学之美,这对于学生语文综合素养的提升和写作能力的提升具有积极意义,值得教师在教学过程中充分重视和提倡。

3. 传授文学鉴赏标准,使学生享受文学美

在学生掌握了不同学科知识的基础上,教师开展文学作品鉴赏活动,不应当仅仅以语文学科知识为出发点和依据,更应当让学生在自觉、自主的前提下,利用学生的生活经验和其他学科的相关知识,让学生对文学作品进行全方位、多角度、不同层次的审视,从而获得综合性的文学美,让文学作品鉴赏教学迈向更高水平。在这种教学理念和教学目标的指导下,教

师应当使学生从艺术角度出发,利用科学的文学鉴赏标准,不断欣赏文学作品在各个角度的美,享受文学之美对个人带来的身心体验。

从语文教学角度来看,文学作品鉴赏理论具有规范的科学标准,具体来看,分为历史观点和美学观点两个角度。一方面,对于文学作品的理解,教师应当使学生从特定的历史阶段出发,以当时的社会背景为依据,代入作者的思想和视角,不断讨论文章作品中的人和事件,用科学的、历史的分析方法,不断品味文学作品。另一方面,教师更要使学生不断鉴赏作家的美学思维,从美学角度出发,让学生享受文学作品中的艺术内涵,这种教学方法,将使文学鉴赏教学不再仅仅停留在文字表面,达到了更高层次的语文教学效果。例如,在《永遇乐京口北固亭怀古》的鉴赏过程中,教师以讲解文字含义和相关典故为基础,让学生结合这首词的创作背景和历史环境,能进一步欣赏作品本身,树立起坚定、豪迈、悲壮的文学鉴赏基调。还能使学生不断体会作者在文学作品中渗透的愤慨之情,体会作者深刻的爱国主义,在艺术层面,不断享受文章作品中内涵的美。教师应当以规范的文学鉴赏审美标准为依据,让学生在持续的文学作品鉴赏过程中,形成丰富的文学作品审美经验,还能让学生拥有鉴赏文学作品的武器,在不断的阅读积累中,享受文学作品的内在美。

(二)语文教材对文学鉴赏的要求

近年来,文学教育在不断改革,在促进学生文学鉴赏和审美水平提高的功能上也在不断优化。对语文教育来说,文学教育是语文改革的重要部分,要让语文教育达到最佳实施效果,就需要不断发挥文学教育优势。在国际教育领域,文学鉴赏课程一直备受推崇,虽然各国有文化和地域差异,但是在文学解读上还是具有共通性的,在塑造文学魅力、提升审美情趣、强化个人修养的途径是相似的。在语文教学上,文学教育一直是所有人面临的一个重大难题。在新课程理念下,文学教育能够更好弘扬我国传统文化,帮助人们建立美好又和谐的理想,而对学生来说,文学素养的培养非常重要。

大学语文教师在进行教学时,通常会格外强调文学作品鉴赏的重要性,而这部分也一直作为重点讨论对象贯穿在整个大学语文授课中。之所以要不断提高学生文学鉴赏能力,是为了让他们在课后阅读中能够有个体独立思考能力,形成多元化的审美需求。文学作品能够让学生徜徉在想象的世界里获得感知和体验,在创作过程中他们体会到不一样的精神享受。所以,为了培养学生的创造性思维,语文课程在改革中主要强调提升学生文学素养和审美能力。改革之前的语文课程在培养学生审美情趣方面不够突出,所以语文课程改革要着重陶冶学生的情操,用美的力量去感化他们。在语文教学中,文学教育一直是重中之重,能够帮助学生在鉴赏文学作品时有深刻的认识。

语文学科是一门工具,让人与人之间可以畅快交流甚至是更高层次地沟通。学生在欣赏文学作品时,领悟表层意思不难,难的是如何进一步领悟到更深的理念,尤其是对创作意图及作品内涵的理解总是不到位。对于语文教学而言,培养学生文学作品鉴赏能力占据了较大比重,应更专注于如何提高学生文学情感体验,如何培养学生独立阅读的能力,如何帮助学生更好地提高语感。学生在语文学习过程中,更加注重提高文学涵养,并获得有益的人生启示。

大学教育设置语文课程的目的是培养学生的审美情趣,让他们在文学上逐步塑造个人修养,不断提升文学审美情趣,拥有不断完善的人格,最终成为一个全面发展的人才。可见,从培育人文素养角度而言,文学鉴赏教育是非常重要的。大学语文教学应注重提高学生的文学素养和个人素质,培养语言表达和写作综合能力,让学生对文学有深刻的领悟和认知,不论是阅读、写作还是口语交际能力都要随着阅读量增多而不断完善,最终适应社会发展和现实生活的需要。

学生在进行文学教育时,最初接触的媒介是语文教材,通过这个载体来获得对文学的初步认知。近年来,文学作品在课改课本中所占比例不断提高,并且主要注重培养学生对文学的鉴赏能力。同时,改革后新增的文学作品也提升了对教师的要求,教师在进行授课时要正确解读名著,以达到培养学生文学审美的目的。但是大学语文教材毕竟只是依托,所能传递给学生的信息有限,所以教师在合理利用教材之外,还需要多与学生分享教材之外的辅助读本。很多与学生生活更为贴近的文学作品并未在教材中出现,但也不能说这些作品价值不高。教师要培养学生独立阅读的兴趣就要以校园生活作为蓝本,以学生的兴趣为起点。另外,教师要对课内课外知识进行系统整合,最终形成适合学生的教学模式。

（三）大学语文鉴赏教学中融入文学素养的途径

语文教学一直比较注重培养学生的文学素养,而经过改革后这个特点愈加鲜明。如何更好地提升学生的文学作品鉴赏能力,成了困扰语文教师的一大难题。要想提升学生鉴赏文学作品的能力,可以从以下几方面着手。

1. 构建语文教师的文学素养体系

在大学语文教学里,教师是否博学多才,是否涉猎很广直接关系着学生将接受什么样的教学模式。所以文学教育是否成功,很大部分在于教课教师的综合素质。如果教师文学内涵贫乏,平时没有看很多文学作品,没有个人见解,写作和表达能力不高,这将严重影响学生在语文学习过程中综合能力的提升。要想让学生最终有自己的独立人格,有较强的文学素养,就需要教师不断审视自己不断提升自己。

(1)养成阅读的习惯,广泛涉猎文学作品

大学语文与中学语文内容上有很大区别,相较于后者,前者的文学题材更丰富更全面,不仅有小说、散文,还有戏剧和诗歌。语文教师要对所有的文学体裁进行深入的研究,深刻地理解文学作品的内涵和背后的价值意义,不断提升个人文学欣赏水平,这对平日的教学是大有裨益的。

(2)提升文学鉴赏水平和文学批评能力

学生在学习文学作品时需要有自己的独立思考能力,这就需要教师能够通过正确的教学方式,很好地给予引导。在大学语文教学中,教师的能力非常重要,要不断提升自己的审美情趣和文学批评能力,教导学生怎么去欣赏文学作品的美,怎么理解作品中更深层次的内涵。充分利用自己的优势帮助学生更好地发现问题,引导他们独立解决文学欣赏中遇到的问题。

(3)多进行文学创作

文学素养的培养除了阅读之外,还需要自己多进行文学作品上的创作。对于语文教师来说,阅读和理解只是他们需要掌握的能力的其中一部分,而写作对他们来说,也同样需要多花时间练习,不断提高自己的能力,只有自己有足够丰富的文学体验,才能最终去影响和引导学生,让文学教学上升到另一个高度。

2. 培养和发展学生的语言感知能力

学生在学习语文课程的过程中,一定要不断培养自己的语感,平时阅读或者与人交流的过程中要尽量去感知,培养自己的语言敏锐度。大学语文要不断培养学生的语言能力和文学素养,而语感的培养,可以从这几方面着手。

(1)创设语境

培养语感需要学生有良好的思维能力,在日常的阅读和交际中找到连接点,同时要加强自己对文字的敏锐度和嗅觉。而教师在日常教学中积极创设能够让学生施展能力的语境,就显得非常重要。

(2)加强阅读,多看文学作品

要想培养良好的语感,练习是必不可少的。不管是课本还是课外读物,都要去读和背其中有价值的文章,积累文学知识。

(3)鉴赏文学作品

读者与作者之间看似相隔甚远,其实只要找到一座桥梁就能够拉近彼此的距离,读者也能在精神上与作者之间形成共鸣,而这种沟通式的文学体验非常重要。文学大师叶圣陶曾说到,字典的词和句并不能给学生深切的感悟,只有在生活中一点点积累,对文学作品多进行鉴赏,才能真正做到近距离接近作者并享受这种乐趣。

3. 在提高文学鉴赏能力时,需要以文学作品为线索

大学语文课程中不论是教还是学,都离不开文学作品,而能够入选教材的都是文学作品中的经典,也是最适合学生们训练的文学鉴赏实例。

首先,鉴赏文学作品不只是单纯地看和解读,还需要厘清其中的顺序,包括学生认知发展及教材中文学作品的顺序;课内文学作品与课外文学作品有区别也有联系,要多注意其中的衔接。其次,语文教学上,学生通常以文学作品为参照物来进行学习。我们不管学习哪个领域的知识,都需要有参照物有载体,而在文学学习上,也需要多阅读经典的文学作品,领悟作者的写作意图及文学素养,从而找到最适合自己的方法来提升文学写作能力。平时可以多抽时间进行写作上的练习,通过一个长期的训练能够大幅提升他们的写作能力,也能培养他们对文学作品更高层次的鉴赏。最后,教师在进行文学讲解时,要有文学作品作载体,可以是课内的,也可以是课外的,同时也要掌握好主要和次要的关系。另外,日常文学学习中学生还

会被要求学习文学常识,这有助于他们更好地对文学作品进行鉴赏,但是很多学生通常不愿意学习文学常识,因为这些知识与学生实际不符。所以在文学作品的学习过程中既不能太抽象,也不能太笼统,要做到与实际充分结合。

总之,大学语文课程的学习主要在于培养学生的文学素养。文学素养有着丰富内涵,不仅包括基本文学知识,同时还有阅读、写作及语言交际,可以说涉及文学的方方面面。学生在平时课堂学习中一定要养成良好的阅读习惯,在教师引导下掌握文学学习技巧,不断强化自身文学素养。当代语文教学更注重文学教育部分,课程改革对语文教学和文学素养培养有着非常重要的意义。纵观多年语文教育历史,随着课程一次次改革,文学教育越来越受重视,这也一直是我国古代文学著作沉淀的结果。世界各个国家虽然有着不同的文化背景和地域差异,但在对待文学教育的态度上却是一致的,我国在文学教学模式和方法上,还需多借鉴国外经验,丰富文学鉴赏课程模式以促进其发展。

三、在大学语文写作教学中融入文学素养培育

语文的工具性表现为语言文字应用能力,强化写作教学有助于提高学生的文学素养及审美情趣。大学语文教学中,突出写作能力的培养不是把大学语文教学分为文本教学和写作教学两个独立的内容,而是让学生在感悟传统文化的同时,自然而然地体悟写作规律和写作方法,提高写作能力。教材中的文本既作为提高学生文学素养的范文,也当作写作的范文,避免了写作理论教学的单调。写作教学是大学语文教学的重要内容,大学语文课应该让学生在阅读经典文学作品过程中,掌握写作技巧及方法、提高写作能力。

(一)大学语文写作教学现状

很多教育者都认识到了大学语文在提高人才培养质量中的重要作用,因而许多高校在非中文专业都安排了大学语文课。在教学中,教师主要通过讲解经典文学作品,让学生感悟其文学性和审美性,注重培养学生的文学素养和审美情趣[①]。教师认为学生已能自如地运用语言文字表情达意,淡化了语文的工具性,忽视了学生写作能力的培养,在中学阶段,学生的作

---

① 姚艳. 传统文化在大学语文课堂教学中的应用[J]. 学周刊,2022(16):3-5.

文有应试教育的倾向,学生的认知处于感性的、肤浅的层次。大学语文中的写作应该是一种高层次的写作,是一种"精神生产",是"精神个体性的形式",写作能力的培养可以增强大学语文课程的应用性。

在大学语文教学中,强化写作教学,突出写作能力的培养,可以激发学生写作的兴趣。学生如果能真正意识到写作能力的重要性,自然会重视写作。

(二)大学语文写作教学中融入文学素养的方法

在大学语文教学中,教师可以从提升教学理念、丰富教学方法、优化教学内容、灵活布置作业、开展实践活动等方面提高学生的写作能力。

1. 提升教学理念

教学理念的提升有助于更好地实现教学目标,提高教学质量。教师要根据学生的认知规律开展教学,在大学语文教学中,强化写作教学,符合教学中从感性到理性、从理论认知到应用实践的教育规律,有助于学生德育、智育、美育结构的合理构建。学生在写作过程中,会认真地思考社会生活,提高由物及物、由物及理、由物及美的思维能力,写作不仅能培养学生的逻辑思维、形象思维,通过想象、联想,有助于学生创造性思维的形成,而创造性思维的培养是教学的重要目标。在教学中,教师应充分调动学生主动参与课堂教学,运用多种教学方法,加强教师与学生、学生与学生、教师学生与文本之间的交流。良好的课堂互动,有助于提高学生的沟通合作能力。在大学语文教学中,教师要提升教学理念,不能只注重培养学生的文学素养、审美情趣,而应强化写作教学。学生写作能力的提高有助于更好地传承传统文化。

2. 丰富教学方法

兴趣是最好的老师,教师应该运用丰富的教学方法,提高学生写作的兴趣。情境教学法、课堂研讨方法可以广泛地应用于大学语文教学中。情境教学法具有直观性、形象性的特征,运用情境教学法能营造唯美的课堂氛围,在教学中通过精美的课件,呈现文本中的意境,能让学生更好地融入课堂教学,体会文学的形象性。如讲《苦恼》,课件中大雪纷飞的夜晚,会营造一种低沉的氛围,让学生体悟文学作品中环境描写的重要性。在学生的作文中,一篇八百字的作文,可能有两百字在凑字数,学生觉得无话可说,写作缺乏形象性。在这方面,教师要多加讲解,让学生感悟到文学的形象之美。如在参加婚礼时,周围的红地毯、拱门,会营造一种喜庆的氛围。文学作品中的环境描写,会营造一种情境,让读者融入其中,激发阅读的兴趣。

在课堂教学中,研讨方法能调动学生主动参与课堂教学,认真感悟文学作品中的语言描写、心理描写、行为描写等写作技巧及方法。在讲到学生有真情实感的文学作品时,可以增加课堂研讨这一教学环节。如:史铁生的《我与地坛》是一篇情感真挚的美文,教师在讲完文本后,可以让学生围绕母爱这一话题展开研讨,很多学生能很好地运用环境描写、细节描写,真诚地表达母爱,避免了之前写作中概括、空洞、缺乏审美性等写作问题。在发言中,学生更深刻地体会到了父母付出了很多,但不愿意用语言表达,不想让孩子知道他们的艰辛,想让孩子轻松地享有给予的幸福。学生体悟到了爱不是用直白的语言说出来的,而是在细节中表现出来的。学生认识到了之前写作中用很多的形容词直接描摹是缺乏感染力的。通过课堂研讨,学生体会到了经典文学作品的魅力,并能很好地应用文本中的写作方法和技巧。

3. 优化教学内容

大学语文课时有限,教师要以教材为本,优化教学内容。可以选取五篇左右的范文作为重点强化写作的文本,选择范文时,可从以下几方面考虑:①文体各有侧重,如议论文,语言简洁,逻辑性强。诗词的语言富有形象性,意境优美。学生通过比较不同文体文章的用语、写作规律和方法,提高写作能力。②范文能够突出某一方面的写作方法和技巧,学生便于记忆、理解和应用。如《最后的常春藤叶》,作为一篇美文,作者巧妙地运用了欲扬先抑的写作方法。在讲解中突出这一写作方法和技巧,能让学生体悟到写作方法在文学作品中的重要作用。

在课堂教学中,教师要与学生认真体会作品中遣词造句的妙处。如《苦恼》中,"望出去"很传神地写出了主人公姚纳由于天气的严寒,内心的痛苦,简单地向前看这一动作需要花费很长的时间和精力。教师要启发学生认真体悟文本中精妙语言的魅力,会引发读者无限的想象和感悟。

非中文专业的学生普遍缺乏写作理论基础,很多学生认为运用好词好句就能写出好文章,缺乏一份真情,教师要让学生很好体悟情、景、理高度融合在文学作品中的重要性。

教师要让学生真正理解"文学高于生活"的内涵,文学作品需要有真情的基础,唯有"真",才有"美"。如:陆游的《沈园二首》,在讲解时,教师可以启发学生展开想象,体会诗中有画,画中有诗的文学境界。结合诗句,同学们会想到夕阳、一个白发苍苍的老者、一首哀婉的歌,让学生体会到诗词中景物描写的精妙之处。诗中写到了"桥""绿水春波",如果没有这一段悲情的爱情故事,其中的景物描写处处是美景,会有一种喜悦之情。但在作者眼里,这些景物会让他更加思念妻子。作者运用以美景写哀情,有真挚的心理基础,人们的心理是很丰富的,美景可能会让我们心情愉悦,但当主人公心情沉重时,美景可能会让他感到外界都是美好的,自己是这个世界中最不幸的一个,从而引发一种哀情,这也是文学作品中以美景写哀情,倍增其哀的巧妙之处。通过美文吟诵、讲解让学生感悟到文学作品中景物描写、写作方法的运用都是以真情为基础的。

4. 灵活布置作业

写作能力的提高需要大量的写作实践,在教学中要加强写作实践环节。学生通过巧妙地运用写作方法高质量地完成作业,提高写作能力。教师在布置作业时,可以从以下几个方面考虑。

(1)文本内容

大学语文课本中有很多情感真挚的美文。如杜甫的《客至》,诗意地讲解了友情,教师可以让学生运用细腻、真挚的情感,以友情为话题写一篇文章,有助于学生拓宽思维,多角度、多层次体悟友情。

(2)专业特征

在教学中,教师可以结合学生的专业灵活布置作业。如在给旅游管理专业学生布置作文时,可以让学生适当多写一些游记,让学生深刻体会到写作与专业知识的融合,激发学生的写作兴趣。

(3)诗意生活

古人多运用诗词这一文学样式进行书信往来,表达情意,现在随着生活节奏的加快和通信工作的发达,学生多运用微信、电话等方式沟通。虽然便捷,但缺乏一种情趣。教师可以让学生给恋人写一封情书或给家人写一封信,在写书信中,学生会很好地整理自己的心情,运用文学作品中的写作方法,诗意地表达,有助于情感的交流,写作能力的提高。很多语文教师都喜欢写作,教师在给学生布置作文时,可以将自己写作的文章在课堂阅读,既能融洽教师与学生之间的情感,也能让学生感觉到教师的敬业,会自觉端正态度,高质量地完成作业。

5. 开展实践活动

"读万卷书,行万里路"很好说明了社会实践的重要性,教师要鼓励学生主动参与校园内外的社会实践活动,通过社会实践,丰富写作材料。在教学中,教师不能只满足于课堂教学,还应开展丰富多样的课外教学活动,构建一个立体多维的语文课堂,如:作文竞赛、读书会、诗词吟诵,激发学生的写作兴趣。

写作能力的提高离不开广泛的阅读,教师根据教学内容向学生推荐阅读篇目,定期开展读书讨论,让学生在广泛的阅读中开阔视野、增强文化底蕴。教师可以运用以读促写、读写结合的方法提高学生的写作兴趣,把写作当作一种高雅的生活方式。当学生认真写作时,会静心与古人今人沟通交流,获得精神启迪,有助于修身养性,当心情愉悦时,会感到花儿也在微笑,生活如此阳光,享受诗意的生活。当心情低落时,通过理性的思维,整理自己的心情,想起"月有阴晴圆缺,人有悲欢离合"的诗句,让自己低落的心情归于宁静,获得一种力量,有助于学生的精神成长。

(三)阅读、写作、表达一体化的文学素养培育——以理工类院校为例

长期以来,理工类院校学生的人文素养教育既存在问题又存在误区,亟待提升。2019年,教育部提出全面推进新工科、新医科、新农科、新文科建设(以下简称"四新"),其要义在于加强理、工、医、管、法等多学科交叉融合,培育新的学科生长点,建设跨学科新型工科专业,培养全面发展的学生成为重中之重。在此背景下,对理工类院校学生的培养目标提出了新要求,大学语文作为重要的学科基础课也需要调整培养目标。之所以开展大学语文公共课,初衷和本质从微观上说是提高学生人文素养,从宏观上说是培养具有中等及以上教育程度的国民,其国家通用语言文字水平达到相应要求,具有较好的使用普通话和规范汉字表达、沟通的能力。但随着学科壁垒的模糊和时代进步使然,尤其是在"四新"背景下,大学语文课程设置和教学内容都亟待改革。在知识目标上,要注重人文社科知识与"新工科"的交叉,对于理工科院校来说,人文社科知识固然重要,但是学科差异同时导致学生在课堂内容接收环节出现一些障碍,因此在知识目标的设置

上,大学语文课程既需要考虑理工科学生的知识结构,又需要考虑文理知识公约性之于教学的重要性。在能力目标上,需注重写作与表达的实践能力,即便理工科学生,也需要具备一般的公文写作能力和语言组织能力,所以纯理论知识并不能满足学生未来的实践所需,有必要在课堂上就提升学生的语文实践水平。在情感目标上,要注重人文素质和内心素养的提升,在大纲设置和教学内容环节挖掘所选知识点的情感"内核",格外重视对学生内心世界和人文修养的形塑。

阅读、写作、表达一体化的教学模式恰恰符合上述诸多目标指向,它侧重对学生进行"语文训练"的实践,既注重听说读写,也注重提高文学素养。在具体教学方法上,需要重视语文教学和语文训练两条线索平行发展,但侧重于以学生为中心的知识习得、技能培养、修养养成。在语文教学层面,进行以教师为主体的语文技能和人文精神讲授,其中包括文章教学、语法教学、写作教学、阅读教学等,将大学语文所涵盖的内容全部呈现出来,侧重如何阅读、如何写作、如何表达。具体表现在以下几个方面。

1. 文章教学

选取中外文学史上重要的经典主流文学作品,截取其中重要精彩的篇章段落,在课堂上进行文本细读与文本分析,对作品的作者思想、创作背景、主要内容、文学意义、篇章结构、艺术特征等进行分析,使学生了解相关作品的文学价值和文学史意义。鉴于学生的理工科背景,要尽量选择学生耳熟能详的作品,可以选择中学语文教材中的重要作品,如《最后一课》《我的叔叔于勒》《陈涉世家》《项脊轩志》《祝福》《荷塘月色》《背影》等,通过对这些作品更为精细的文章教学,使学生能够了解到超越中学所学的文学意义,这也是文章教学的目的。

2. 语法教学

从过程考核、平时测试、平时作业、期末考试等教学效果的反馈看,理工科学生普遍的问题是写作中或多或少都会出现语法错误,文章写作能力较差。鉴于绝大部分学生都没接触过现代汉语课程,所以需要在课堂上进行语法教学,一方面,要对现代汉语语法基础知识进行全面讲授,尤其是短语、句法成分、单句、复句、句群等;另一方面,可以通过课上检验学生作业有针对性地具体地指出具体错误和问题,将语法教学落到实处。这种教学法能够解决学生在写作过程中出现的一般问题,有效解决学生的写作问题,并提升写作能力。

3. 写作教学

所谓写作教学指的是写作教学方法,而不是一般的大学写作课程。写作教学方法旨在在大学语文课程教学中以学生为中心进行教学,解决学生写作中的实际问题。关于写作教学需要讲授的重点,一是逻辑,着重强调基本的逻辑学问题并将之与写作建立关联,注重写作的层次、因果、总分等结构。二是首尾,指导学生加强对文章开头和结尾的写作,尤其是总结和概括能力。三是规范,无论是应用文写作还是公文写作都有一定的范式,必须厘清每一种写作的具体范式,避免学生在写作过程中产生不必要的问题。

4. 阅读教学

针对学生阅读量偏低、阅读速度慢、缺乏阅读兴趣等问题,可以组织学生进行课上阅读和课下阅读。课上阅读或以教学班为单位进行普遍阅读,或以小组为中心进行多样性阅读,之后听取反馈意见,分享阅读经验和心得;课下阅读以作业的形式,旨在培养学生的阅读兴趣,使学生养成阅读习惯,提高学生的阅读量,以产生课堂教学的辅助效果。需要说明的是,无论是课上阅读还是课下阅读,都需要以学生为中心而不是以教师为中心,这样才能真正产生较好的教学效果。

在语文训练层面,进行以学生为中心的听说读写和文学素养训练,其中包括课上答问、小组讨论、读书报告、课前发表等,在实践中培养学生的听说读写能力,使学生会阅读、会写作、会表达,在此基础上进行三者的进阶提升。除了传统教学模式中的课上答问之外,根据以学生为中心或"翻转课堂"原则,其他三种教学方法也具有很强的有效性。

一是小组讨论。根据课上讲授内容提出某一个问题,采取座位就近原则将教学班分成若干小组,针对内容和问题请学生利用3~5分钟时间讨论,之后在每一个小组抽调一名学生回答讨论结果,选择具有创新性的答案请学生进一步阐释,选择具有争议性的答案请多位学生进一步讨论甚至辩论,从而提高学生思考、分析、解决问题的能力。比如,在《十九世纪欧洲文学主流》的讲授过程中,通过小组讨论,对简·爱性格的判断形成了正反两个方面的意见,既能让学生进一步理解19世纪中叶对《简·爱》的两面性评价,又能使学生提高对人物形象性格的思考能力,进而提高学生在课上的参与度和积极性。

二是课前发表。指的是利用课前约10分钟的时间请学生针对大学语文所学及辐射至周边的文学、文化和写作现象等发表自己的认识和看法，这种方式具有很强的个人性和创造性，学生的发表包括但不限于对大学语文知识的延伸、诺贝尔文学奖、对某一位作家作品的讲述、读书心得等。考虑到课前发表的发散性和个人性，单就知识而言，这个环节培养或考查的并不是知识的接受和习得，而是训练学生的表达能力，因为发表需要逻辑清晰、表达流利、姿态得体，培养或考查的也是综合能力。这也是"阅读—写作—表达"模式的落脚点和授课法之一。而且，在发表环节，很多学生因为接受了课前发表的内容而对其有了新的理解和认识，重新阅读相关作品，重新学习相关知识，无形中起到了知识普及和传播的效果。

三是读书报告。读书报告既是一种过程考核方式，又是一种效果后测方式，通过读书报告可以对学生知识习得和知识理解及阅读反馈进行检测。作为课程作业，读书报告的布置可以分为两种模式，一是命题性训练，针对某一部教师指定的文学作品进行分析写作；二是非命题性训练，由学生自主选择与课上讲授相关的文学作品进行分析写作。无论是哪种模式，所考查的都是学生的阅读和写作能力。阅读既包括对文学史基础知识的把握，也包括学生自己对相关作品的再认知；写作既包括现代汉语语法规范，也包括文章结构、逻辑及其所具有的修辞学意义。实际上读书报告考查的也是学生的综合素质和素养，是在训练中考查学生知识习得和接受的有效手段。

此外，还需要对学生习得进行以"过程考核—语文竞赛"为载体的效果验证，在考核、考试、竞赛等环节考查学生是否达到了知识、能力、情感各圈层的培养目标，在课上和课下的互动中进一步加强教学的有效性，将具体实践方法落到实处。

第四节 大学语文教学与实践的结合

一、构建大学语文综合实践活动育人模式

（一）理论依据

作为大学语文不可或缺的一部分——大学语文综合实践活动，是广大语文教师实现育人目的的有效途径，是提升学生文学素养、传承文化经典、弘扬民族精神的有力工具，是课堂与学生自身生活、社会生活密切联系的纽带。大学语文综合实践活动一直以来都是大学语文课程的有益补充，其与大学语文教学的结合将会使大学语文的教育效果得到提升。

大学语文综合实践活动是大学语文课程的合理拓展延伸，是对学以致用教育理念的科学诠释。它立足语文教材，在传承文化经典、坚定职业信念、提升职业素养、弘扬民族精神方面有着不可模仿无法超越的作用。它与大学生的生活密切相关，鼓励学生走出传统课堂、回归校园、回归自然，肯定学生在丰富多彩的生活实践中拓宽视野、勇于探索、勇于创新，使大学语文得天独厚的育人功效得以充分展现，使语文学科育人价值的实现方式呈现个性化、多样化。

（二）大学语文综合实践活动的育人特点

第一，灵活性与多元化相融合的育人特点。大学语文综合实践活动打破传统、跳出窠臼，秉承着促进学生全面发展的育人思想，选择紧扣时代脉搏的话题，注重综合实践活动的灵活性与多元化。时代日新月异，现在的大学生对世界的认识能力、理解能力都很强，他们时刻处于接受新事物的状态，因此，语文综合实践活动的开展应充分考虑灵活的弹性课时、灵活的活动方式、多元化的思辨主题等因素，努力提升学生自主参与活动的热情、激发学生勤于动手的探索欲望。

第二，理论性与实践性相统一的育人特点。大学语文综合实践活动重视实践亦不忽视理论，它从就业角度出发，将理论教学与实践活动相结合，旨在树立大学生的职业目标、制定职业规划，培养大学生服务社会的职业道德感，提升大学生的综合职业素养。

第三,开放性与延展性相促进的育人特点。大学语文综合实践活动的首要目标在于促进学生的全面发展,而学校促进学生全面发展的关键在于提升课程的教学质量。因此,大学语文综合实践活动要彻底优化课程资源,改进教学策略,将综合实践活动的开放性与延展性落到实处。具体而言,改变简单的、无需深入思考的封闭式课堂教学模式,借助互联网平台,通过信息化技术手段的应用,对课程给予合理的延伸,引导学生进行"做中学,做中觉"的数字化体验,让语文学科的育人功能由外化实现内化,由内化实现固化。

(三)大学语文综合实践活动的育人优势

第一,立足教材,着眼就业,把握育人方向。大学语文综合实践活动以教材为基础,以提升学生职业素养、对接工作岗位为育人方向,时刻关注最前沿的就业动态,夯实基础知识,增强语言文字应用能力。众所周知,良好的文学素养,对大学生顺利就业大有帮助。因此,组织"愿为文学驻足"的大学语文综合实践活动,既能增强学生对文学的热情,又能提升学生的文学素养。

第二,遵循育人规律,突出学生主体地位,体现学生主观能动性。随着课程改革工作的扎实推进,越来越强调要激发学生的主体性,传统的以教师单向灌输的教学方式显然已经不能适应社会的发展需求。大学语文综合实践活动打破了传统课堂被动学习的模式,通过强调学生的主体意识来发挥学生的主观能动性。依然是用学习诗歌来举例。"知人论世、以意逆志"作为赏析诗歌的重要方法被许多学生所推崇,但是由于诗歌知识体系之庞杂,所以,学生在学习过程中特别容易对知识产生混淆,久而久之,学生面对诗歌学习就会有无力感、疲惫感。"诗歌思维导图研讨会"这一语文综合实践活动的开展,有效地解决了上述问题。学生们借助互联网平台,对诗人、诗歌进行查询,然后从自己感兴趣的点入手绘制思维导图,尽管学习内容不尽相同、绘制的方法也各有差别,但却有效促进了学生的主体性,为学生整个大学期间的学习以及全面发展奠定了良好的基础。

第三,有益于展现中华民族传统文化的恒久魅力,达成育人目标。大学语文教材,是以先进的教育教学思想为理论指导,按照不同主题进行编排的。这种编排方式使大学语文课程在审美体验、情感表达等方面的特殊性得以充分显示,使大学语文课程在展现中华民族传统文化恒久魅力方面的优势变得丰富饱满。自然,大学语文课程的育人功效也变得显而易见。此背景下推出的"走进曲词世界"语文综合实践活动,通过引导学生吟诵曲词、欣赏曲词的方式,充分感受中华民族传统文化的璀璨与芬芳。可见,广泛吸收传统文化元素,及时开展以弘扬传统文化为主题的大学语文综合实践活动,既符合现阶段我国职业教育的整体发展趋势,又有益于弘扬传统文化、坚定文化自信。

第四,有益于培养学生树立正确的价值观,实现语文学科的育人目的。大学语文课程是涵养学生人文精神的课程,它有着深邃的思想性,正是因为突出的思想性,才使得其与思政课步调高度一致。大学语文课程所蕴含的家国情怀、道德规范、文学素养以及工匠精神等思想资源,承载了思政课的育人核心。由此可知,大学语文综合实践活动是培养学生树立正确的价值观、实施思想政治教育的重要平台。那么,语文综合实践活动的开展,势必会结合思政教育的亮点。比如,"我手写我心""品儒家经典、知圣人真意——走进《论语》"等语文综合实践活动的举办,通过创设具体的情境,引导学生初读经典、美读经典、品读经典,于读之中悟深意,进而培养学生树立正确的价值观、树立远大的职业理想。

(四)具体育人模式分析

1. 构建经典文学作品阅读活动育人模式

经典文学作品是文学、历史、哲学、艺术等多方面的综合体,它是作家智慧的结晶,是世界文学宝库中的瑰宝。它在学生不知不觉中就发挥了教育的作用,于潜移默化之中将真善美浸入了学生的内心。阅读经典文学作品这种润物细无声式的育人方式明显优于传统课堂说教式的育人方式,其产生的育人效果往往更显著。因此,构建经典文学作品阅读活动育人模式,强调了学生的主体地位,激发了学生思考与探索的热情,符合育人的规律,给予了学生精神力量,塑造了学生审美品格,实现了学生全面整体发展的育人目标。

2. 构建"我手写我心"写作活动育人模式

写作是一项创造性的精神生产活动,它通过语言文字的描述来集中反映客观生活、表达思想感情,它对提升个人综合素质具有积极的影响。现在的大学生热爱思考、享受探索,然而对思考与探索之后的外化——写作,却有些抵触。因此,推广"我手写我心"的语文综合实践活动,就是立足学生的实际学情,从对生活的思考与探索入手,利用思维导图的方式,鼓励学生关注生活、观察生活、感受生活、书写生活。在反复推敲文字的过程中,帮助学生找回写作兴趣,锻炼写作能力,提高审美情趣。

3. 构建传承中华优秀传统文化活动育人模式

中华优秀传统文化是炎黄子孙的精神命脉。作为新的时代青年,大学生肩负着传承中华民族传统文化,守护中华文化根基的使命。从儒家思想的精髓——《论语》入手,构建传承中华优秀传统文化活动育人模式,紧扣传承的脉搏,在引导学生感受儒家文化的学习理念、处事规则等方面大有裨益。这不仅有利于学生欣赏美丽的汉字文化,吸收往哲先贤的思想智慧,而且有利于塑造学生谦和、好学的品质。

二、加强学生社团活动

在大学语文教学中,教师不仅要教会学生课本上的知识,提高学生的文学素养,增强学生们的语言表达能力,还要培养学生具备优良的思想品德,爱国爱党,人格健全,个性健康,有一定的审美能力。成功的大语文教学需要深入研究语文知识的内在规律,帮助学生理解和掌握这些内容,同时也要顺应学生的身心发展特点,结合教学内容,采用相适应的教学方式和方法,从而达到事半功倍的效果。与其他课程相比较,大学语文的情感成分较为丰富,需要教师创设适当的情景,提供给学生较多的实践机会,从而潜移默化地对学生产生影响,提高学生的语言应用能力和文学素养。但是,语文课堂教学的实践非常有限,所以就需要语文教师充分利用课外活动时间,组织学生进行各种各样的课外实践活动。例如,教师可以组织各种文学社团活动,通过讲座、读书会、辩论会、征文比赛、社会调查,改编课本剧、广播、网络等各种各样、生动活泼的形式,加强语文实践,培养学生对大学语文的学习兴趣,提高学生的文学素养。

(一)学生社团活动与大学语文实践教学的内在联系

语文知识相对于其他学科来说较为特殊,需要让学生在完成教学任务后可以在实际生活中灵活应用,体现在学生的听、说、读、写等能力之上。因此语文教学目标具有很强的实践性,教师除了要保证学生在课堂上能够全身心地投入到教学活动中,灵魂能够与文学作品的作者产生对话从而提高自己的文学素养,还需要提供各种途径提高学生语言文学知识的实践能力。而在大学生的实际学习与生活中,社团活动是其展开实践的有效平台,符合学生的个性化发展需求。如果能够将社团活动与实践教学相融合,将可切实有效地加强学生对于语文知识的理解与应用。

在大学生活中,社团是学生自愿参加的,部分社团具有较强的语文实践意义,如文学社、戏剧社、讲演社、书法社等。这些社团的活动可有效培养学生的语言表达能力,为学生的全面发展打下良好的基础。即便有些社团本身不具备语文实践作用,但学生在参与社团活动时也必须使用语文知识才能够与他人进行深入的交流与合作。所以只要学生真正参与到社团活动中,就可在一定程度上提高学生的语文实践教学效果。

社团活动是学生在大学教育中表现自我的有效渠道。每一名学生在实际教学活动中对于知识的理解与认识都会有所不同,因此每一名学生的综合文学素养与语文修为也会有所不同。但在当前课堂教学中,广大教师无法关注到所有学生的主观情感,以及不同学生对于语文知识的不同理解,只是结合教材内容采用统一的教学目标来引导学生朝着同一方向前进。这对于学生而言不利于个性化发展,学生必须拥有一个能够展现个人独特人格特征的舞台。而大学社团本身就是一个张扬个性的地方,社团中开设的多元化比赛与活动,能够促使学生更加真实地展现自我,在和社团中其他同学交流中更加丰富自己的思想。因此社团活动可以成为学生发表个人思想见解的主要载体,在复杂的现实教育中提高学生的思想感情,因此高校社团活动深受学生的喜爱。

(二)在社团活动中强化大学语文实践教学的有效策略

从高校学生社团的性质和功能来看,可以大体分为文学艺术类、体育知识类、学术和专业技能类以及社会服务类等几种类型。每一种类型都可以与语文实践教学活动相结合。

首先,以知识学术类型为主导的社团,对于大学生来说,该类型社团是学生交流个人思想及总结经验的主要载体,是培养学生综合文学素养的有力途径。学生能够在社团活动中将个人思维与他人思维产生碰撞,从而产生更加具有创新性的思维理念,对于学生的人文和审美观都会起到积极的促进作用。同时学生在参与学术类型相关社团活动时,还会结合个人的知识储备逐步研究经典优秀的文学作品,从而自己的思想和认知也会随着研究的深入而不断提高。因此必须发挥知识学术类型的社团对于高校语文实践教学活动的主导作用,大学语文教师可以成为该社团的主要推动者,在社团活动中培养学生良好的三观和情感。

其次,文学艺术类社团是培养学生文学素养的主要途径,文学艺术类作品与语文实践教学内容息息相关,优秀的文学艺术作品,是学生在成长过程中的良师益友。学生通过不断阅读来增强个人阅历和学习生活经验,还能够提高自我的综合文学素养,唤起内心中真实丰富的情感。体育知识类社团主要培养的是学生的身体素养和公民意识,社会服务社团在学生的实际发展过程中,培养的是学生的文化宣传能力和社会服务能力,以此来打造校园良好的文化环境。而专业技能社团主要是针对学生专业知识领域的补充或者创新,可有效培养学生的创新精神,学生在社团相关活动中可以不断展开项目的研究与探索。因此社团活动与语文实践教学活动有较为深刻的关联和一致,对于语文教学质量的提高和学生的发展起到积极的推动作用。

(三)社团活动与语文实践教学相结合的实效性

在实际教学活动中想要将语文实践活动从课堂教学融入学生的实际生活中,那么就需要教师也能够融入学生的社团活动中,通过教师的引导让社团活动变得更加具有教学实践的实效性。

首先,大学语文教师必须作为社团活动的指导或者辅助教师,这样才能够让大学社团活动与教学内容拥有统一的实践性目标,促使社团和谐健康地成长。但大学教师在实际工作中往往将工作重点放在课堂教学中,会忽略对于社团活动的指导,因此必须从学校层面加强大学语文教师对社团活动重要性的认识,在大学语文教师团队内部建设社团辅导顾问职位。最好安排每一名语文教师都可以负责一个学生社团,促使教师走入到社团工作中,以此来确保社团活动与大学语文课程的理论知识相匹配,并且由于教师的加入大学社团活动将不再盲目,会变得更加具有针对性和有效性,将大学社团活动作为教学的辅助内容,让学生在大学社团活动中可以不断获得提高与发展。

其次,对于大学语文实践教学内容,教师也需要进行不断的优化与改革,保证教学内容与社团活动能够有机结合。大学语文课程实践教学,想要取得其应有的教学效果,教师就需要首先认识到实践教学的优越性,实践教学能够促使学生对所学到的知识加以应用,学生将会对语文知识产生更加深入理解并不断转化为自身的能力。教师要发挥自身优势,可以在社团内举办各种主题比赛,如征文比赛,让学生能够以某一主题展开写作,以此来强化学生的语言应用能力;同时也可展开主持人比赛、辩论比赛或者演讲比赛,让学生的语言能力可以在多元化的比赛中充分锻炼并得到提高。不同的比赛也可以培养学生良好的学习信心,让学生通过比赛与他人较量来了解自身所具备的优势与存在的不足,从而在未来的学习中不断发扬个人优势,弥补个人不足,最终促使学生在原有基础上实现不断成长与快速提高。

最后,可以将学生参与社团活动的情况纳入学生语文考试评价体系中,在当前大学语文教育活动中,最主要的考核方式仍是书面考试,教师通过试卷来检测学生的学习成果。但无论任何形式的试卷考试也只能考查检验学生的理论知识,语文实践教学强调的是学生的语文实际应用能力。在卷面考试中,学生与教师无法面对面去展开深入交流,所以教师只能单纯评价学生的理论知识体系,甚至部分学生为了提高考试成绩,只是对期末考试可能考到的知识点进行总结与复习就能考到好成绩,可见该评价方式对于学生来说是不公正的,并且还可能会对学生的全面发展产生一定的负面影响。所以教师可以将学生的社团活动出勤参与量和获奖情况纳入大学语文考核中。学生能够按照个人学习兴趣来完成相应的社团活动任务,以此来保证学生在语文实践活动中的学习主动性。并且这样的评价模式可以有效优化考试内容让学生可以得到更加全面的评价,学生也就能够通过评价了解个人的实际学习效果。

(四)创新文学社团的活动内容与形式

与其他社团不同,文学社团是与大学语文教学密切相关的社团,作为一个以文学活动为主的文学社团,应对传统文学活动进行升级创新。遗憾的是,在活动形式上,高校文学类社团长期以线下征文和交流活动为主,活动形式单一,创新不足,没有有效利用互联网优势对传统文学活动形式进行升级创新,导致文学活动宣传覆盖面小,趣味性和影响力较低①。借助互联网技术,更新活动形式,对传统文学活动进行升级改造势在必行。具体可以重点从以下几个方面发力。

①温静,童旭旭."互联网+"时代高校校园文学发展困境及解决路径——以河北省高等院校为例[J].河北经贸大学学报(综合版),2020,20(03):36-39+85.

1. 尽量吸纳不同专业、多学科的学生入会

社团招新时要充分考虑会员／干事的专业，尽量吸纳如计算机、大数据、人工智能、音乐、广告、新闻、影视等不同专业学生入会，并在部门设置和社团活动中充分考虑和发挥不同专业学生的特长。

2. 文学社团要密切关注校园热点和社会动态

用创意写作的学科视野指导社团，注意抓住时代脉搏，与时代问题和生活热点融合，培养学生在日常生活中的问题意识。隶属于文学社团的微信公众号、微博、QQ空间等发布推文和资讯时要与社会热点、校园生活密切相关，不能与时代和校园脱轨。

3. 征文活动要丰富多样

策划征文比赛时，尽量设置新奇有趣的主题和形式，例如学生喜欢的网络文学大赛、剧本杀活动。不必局限于文学创作，可以结合校园生活和学生关心的问题策划应用文写作比赛、短视频作品大赛、创意文案征集等，还可以征收新闻稿、影评、剧评、书评、评论、策划书等不同类型的文稿。举办征文活动时还可以建立读者交流群，线上线下互动交流，扩大影响。

4. 将文学社团的读写活动与表演活动、网络视听相结合

可将文学与音乐相结合，举办经典诵读、诗词吟唱、诗词改编、歌曲演唱等比赛，并在线上音乐电台、视频号等多平台同步推送、播放。社团活动还可以通过视听的方式展现出来，社团内部拍摄短视频，制作音视频来表现大学校园生活，并在网络上多方发布，形成传播速度较快的视听产品。

5. 加强与社团、学院、学校之间的合作

不同文学社团可以采取合作互助方式，整合双方资源，共同举办大型活动，集中精力创办品牌活动。加强与其他社团的合作，如合办读书会、剧本写作大赛、创意写作大赛等，吸引更多师生参与。

综上所述，大学生社团活动对于大学语文实践教学可以起到非常积极的促进作用，教师必须认识到社团活动与语文实践教学活动之间存在的内在联系，能够在实践教学活动中灵活结合社团活动开展语文教学。其次教师还需要利用大学社团活动来强化实践教学有效性，通过多元化的教学手法满足学生的不同发展需求，培养学生的学习兴趣。最后教师还需要提高大学社团活动对于语文实践教学的实效性，引导学生及时在实践活动中体验语文知识践行语文能力，从而深入强化大学语文实践教学综合水平。

第五章 大学语文教学建设的未来发展

第一节 明确大学语文教学的学科地位

一、学科价值的错位与学术本体意识的弱化

大学语文的学科地位和学科属性至今未明确,由此带来的开课困难、课程目标认识困惑、教学内容混乱、教学理论研究缺失等问题仍普遍存在。

从民国时期大学的"大一国文"到当代大学的"大学语文",在中国大学学科发展史上,大学语文是中国语言文学教育史上一个比较特殊的领域。时至今日,有关此领域的现状与未来的讨论连绵不断,各种声音不绝于耳。这一现象本身就说明大学语文教育的重要,也说明其存在的问题一直没有很好解决。与其创立和存在的漫长历史不对称的是,大学语文学科性的不成熟、地位不确定、属性不清晰可能在所有的学科专业中都是极其少有的。造成这一现象的主要原因,就在于高等教育学科专业设置的过度细分化和学科价值观的过度功利化。因此,要改变中国高等教育中大学语文的处境,首先要改变原有的学科价值观。这一问题的实质并不仅仅是关涉大学语文这一学科或课程的地位问题,更是关涉国家人才培养的质量问题。

大学语文是中国高等教育学科专业中一个最为特殊的领域,承担着极为重要的教育功能,而人们对这一学科的理解却呈现出一种明显的错位和滞后状态:历史悠久而发展缓慢,需求广泛而被重视程度不够,与文学专业相近而无学科身份,教师考核标准很高而队伍不齐。其实,做一名合格的大学语文教师是不容易的,其难度甚至超过了中国语文学科其他所有二级学科。大学语文以系统性、独立性的设置跨越了文学与语言的界限,也跨越了中国与外国的界限。大学语文不只包含中国语文的内容,也应该包含人类文化的内容。高等教育需要所有专业的教师除了承担本专业的教学

之外,都必须对自己的专业有所研究有所成就,如果按照这个要求来看,大学语文无论是专业教育还是专业研究上,都比现有的中文二级专业的知识结构要求要更加完整和丰富,因为其教育内容涵盖了所有二级学科的专业内容。然而,有关这方面问题的研究是明显不足的。

虽说大学语文教育的历史几乎与中国现代高等教育的历史一样长,但是时至今日,仍然缺少大学语文本体研究的这样一个环节。各类大学语文教材迄今已有1500多种,而有关大学语文研究的专著仅有40多种,其中专门研究大学语文教育理论和教材编写理论的著作更为鲜见。一个学科的成熟要具备这样几个条件:首先应该有一个非常规范的名称,要有学科本体研究的标志性成果和具体学科的评价尺度、评价方式,还要有一套相对共识的教学大纲和完整的课程体系。更重要的是,要有完整的教师群体和学术团队。由此而言,中国高等教育中的大学语文距离一个成熟的学科,应该说还是有一定的路程要走的。作为一种普及性的高等教育类型,大学语文尚未建立基本的教学大纲,没有比较完整的课程体系,教学内容还处于各自为政、因人设课的状态。而就大学语文学科本体研究来说,成果是明显不足的。这里必须说到如何强化大学语文教育承担者和管理者的学科意识与学术意识的问题。现在很多大学语文教师的学术研究对象,往往都是中国语言文学一级学科下的各个二级学科的内容。无论是申报职称,还是参加科研成果评审,大学语文教师拿出的几乎全是古代文学、现当代文学、文艺学、比较文学、影视之类的论著,而较少有专门研究大学语文学科本体和教育实践问题的成果。这里既有学界对于此领域研究的价值偏见问题,也有从业者自身的学科意识和学术意识不强的问题。似乎大学语文本体问题学理性不强,而只有研究中文二级学科问题才更具学科价值和学术影响。其实这种选择是等于承担公共课的教师要与专业课的教师进行学术竞争,是跟在万米长跑的成人后面赛跑而要超过成人的儿童选手,不仅未能超过专业课教师反而又弱化了公共课的特质和优势。虽然中国语言文学各个二级学科问题是大学语文所涉及的研究内容,但除了这种专业化的对象之外,大学语文学科本体问题更应该成为其研究对象。要充分意识到,大学语文就是一个正规的学科专业,研究大学语文本体问题就是一种专业化研究。因此,大学语文教师要普遍提升自己的学科意识与学术意识,应该进行自我启蒙和自我反思。从其他学科专业的发展历史过程来看,要想改变大学语文的现状,争取学术话语权,必须有一些具有影响力的大学语文本体研究成果的出现。如果不建立这样一个自具特色的学科理论体系和学术研究评价体系,大学语文就很难在当下学科生存与发展竞争激烈的环境中获得应有的,而且是与其他学科平等的一席之地。大学语文要成为完整性、自主性的学科,必须具有自己学科的独立性和特殊性,大学语文教育与一般的中文专业教育的差别在于其知识结构、教学过程的普及性、综合性和实践性。

一个学科专业的成熟标志之一,是其属性具有较大共识性。当一个学科内部还在研究和争论学科专业的概念与属性的时候,就不能说这个学科是真正成熟的。到目前为止,大学语文领域内对于其学科本体的研究很大一部分还集中于学科的属性以及定位、功能等基本问题的讨论。要研究大学语文学科性、技术性和审美性,应该进一步把大学语文作为一个整体来进行教学和研究。当然,对于大学语文学科性的制度性规约和定位,可能并不是由讨论者所能决定的。

二、学科的归属与审美教育的特质

大学语文属性和功能有三个评判标准。第一,大学语文以其他所有学科的内容为内容,那么无论是文学史体例、文选体例、文化体例、人文主题体例,都无可无不可。第二,这些内容只是凭借,并非主要的教学目的,所以大学语文还应该有一条语文训练的线索,否则,就成了文学史教材、文选教材、文化专题教材,而不是大学语文教材。第三,这两条线要有主次,从表面看,课文当然占据教材的主要篇幅,同时也占据更明面上的位置,是一条明线;但是实际上语文训练的线索虽然处于暗线的位置(主要由课文导读、思考练习设置体现,但也实际上指导着单元设置、课文选片),却是大学语文之所以为大学语文的关键。应该说,作者的考察是真实的,逻辑是完整的。但是以教学方法来确认学科属性是否合适,还是一个值得讨论的问题。写作课的内容和方法也是大学语文中的一部分,但是在相当长的时间里,仍然属于中文专业的课程。其实,无论是作为教育学的文学教育,还是作为中文专业的文学教育,其内容和方法都是差不多的,只是范围和程度的差异。

在现有的学科专业目录中,大学语文属于教育学门类的课程与教学论专业。笔者认为,大学语文的学科归属不应该是教育学,而是中国语言文学中的一个二级学科,应该从教育学科转为文学学科,从"教学与课程论"专业转为中国语言文学的"大学语文教育"专业。这里有两个明确的特征。

首先,大学语文的教学内容属于中国语言文学的学科范围。一个学科和专业的确立与归属,先应该判断其教学内容。大学语文同大学物理、大学数学等专业一样,教学内容都有着十分明确的内容与范围,都属于各自的一级学科,具有中国语文学科的一般学科属性。任何一种课堂教学都是一种课程与教学论,或者说教学论是关于教学方法的讨论。大学语文是一种教学内容,不是教学法,它与中国语文学科的基本教学内容没有太大的本质上的区别。很难想象教学内容相差极大的大学语文、大学数学、大学物理、大学体育等都属于教育学门类的"课程与教学论"。同样是公共课,思想政治教育属于法学门类下的政治学一级学科而不属于教育学,大学英语则属于文学门类下的外语一级学科而不属于教育学。任何一个二级学科都应该有大致相同或相关的内容和课程、相似的方法、共同的评价标准等。大学语文、大学数学、大学物理、大学体育等教学内容究竟是与各自一级学科相近还是与教育学相近? 学科专业分类究竟是应该按照教学内容还是应该按照教学方法分类和归类? 如果按照现有的分类逻辑,那么所有的专业教育也都是教育学了。笔者认为,公共课仅是相对于教学对象而言的,而与学科属性无必然联系。学科分类存在着差异可以,但是不能有悖论。

其次,大学语文的教师队伍都具有同一的中国语文学科背景,所学为中文所教为中文,不能把这些中文出身的教师归于教育学门类。具有相对固定的教学任务和一定规模的教学队伍,是学科专业成熟的标志之一。这些教师要具有相同或相近的学科背景,从而对于学科专业的发展形成切近的对话机制,推进学科专业的发展,最后建立独立连贯的学术传承。从目前来看,虽然大学语文学科体系尚未完备,学术传统尚未确立,大学语文教师在诸种学术和身份评价中普遍处于一种被边缘化的状况尚未改变,但是相同的学科背景与对话机制业已形成,基本具备了中国语言文学的知识储备和学术研究能力。从这一角度来说,大学语文作为中文教育的特征已经有十分明显的显现。而至于其"形式训练"特征,正是中国语文学科共有的听说读写等实践特征。如果单纯将大学语文确定为"形式训练"课程,便很容易失去其中国语文学科所共有的学科属性和地位,而这恰恰应该是我们努力实现的学科理想境界。大学语文内容的中文本质属性决定了其成为高等学校不可或缺的文化教育的内容,中华优秀传统文化、革命文化、社会主义文化以及人类文化,都是文化教育的内容。所以说,大学语文教育功能就是培养人的核心素养,是完善人性或者人的完整教育,每一所学校的专业教育都应该是"N+大学语文"。正如有学者指出的那样,"从发生学看,大学语文从诞生之日起所要做的就是改造人的品位、修养,其所要塑造的品位就是人的现代(国民、公民)品味,使人具有做现代人的品格。当世界环境进入了现代,应声而起的国文就是要培养适应于现代的人之修养"①。在以往的通识教育中,主要重视知识性和技术性的培养,缺少"品格"养成和审美能力的培养。特别是作为中国语文学科的一种集合,不能忽略专业审美教育的本质属性。忽略了这一点,就会把大学语文教育混同于一般的通识教育。虽然从现代教育伊始,蔡元培、鲁迅等人就着重强调美育在国民性改造和文明进步中的重要作用,但是中国高等教育除了艺术和文学等专业教育之外,审美教育是大学人才培养中普遍缺少的内容。人的完整性教育除了思想品德、理论知识和实践技术之外,绝不应该缺少审美修养这一环。审美教育具有展示个性、美善人性、提升文明的功能,而大学语文在其中起到了至关重要的作用。

三、高等教育必有的内容与体制机制的保障

从当下中国大陆高校的性质和地位来看,学科制度和学科机制是学科发展的重要动力,如何将这种动力加以具体化和组织化,可能是大学语文学科当下发展需要做的重要工作。当下切实可行而又十分紧迫的是,首先应该确立大学语文作为高校必修课的地位。大学语文是中国现代语文学科创建伊始就有的一门公共必修课,是与中小学语文三位一体不可或缺的一门基本课程。就所掌握的情况看,现在将大学语文作为必修课的高校不到一半,有些院校原来是必修课,近年来又变成了选修课。课程属性决定课程本身的重要与否,这种制度性规定直接表明大学语文无论是作为学科专业还是作为公共课程的地位。这种结果具有示范性,不仅是对于教师也是对于学生的示范。当然,这种示范性并不是积极的。随着"孔子学院"走

---

①何立明. 大学语文是一门安静的课[J]. 语文教学通讯•D刊(学术刊),2012(04):5-7.

出去和留学生请进来，高等教育在重视"对外汉语"的同时，也应重视一下"对内汉语"。作为"对内汉语"的大学语文教育学科定位不确定、未能纳入国家学科专业评估和学术评审的系统、大学语文教师在评职评奖评优诸方面被有意无意地忽视等，是大学语文教育和学科发展的体制机制性障碍。

在中国特色的通识教育现状下，必须强调大学语文的公共基础课属性，通识教育是相对于专业教育而言的，而通识教育和专业教育都离不开语言文字的承载。这样的难题是从民国高校就已经存在，"大一国文"各校多开设，但是从来没有过统一的教学大纲、教材和比较规范的课程体系设置，主讲教师各自为政，内容因人而异。这一现象的普遍存在，可能有很多原因，但是没有将大学语文列为一个规范的学科专业是最大的原因。如果仍然只是将大学语文视为一门课程，无论是必修课还是选修课，必然只能是众多通识教育课程的一种，最终还是等同于通识教育。

学科或专业与课程的差别主要有两点。一是课程设置的规范性与个人性的差异，一是学术评价的严密性和模糊性的差异。作为一个成熟的学科必须有比较统一的规范和相对固定的课程体系，个人性只是符合规范前提下的独特风格而已。同时，作为一个学科的存在与发展不只是自身问题，而且是一种价值评价过程，需要有完整的评价指标和学术共同体。这种评价不仅是内部的评价，而且也是外部的评价。然而，大学语文如果作为一门课程的话，是很难达到这一标准的。所以，时至今日，关于大学语文的学科和学术评价不仅没有全国统一的标准，而且也没有纳入国家的学科评估和评价系统之中，无论其是作为教育学门类还是作为文学门类，这些评价可能都是一种形式化的和外在的评价，但是在一个量化的时代，这些评价又是一个学科发展不得不关注的过程，特别是对于大学语文这样一个学科性不是很成熟的学科来说尤其重要。

在强调大学语文的重要性的同时，也要妥当把握其学科专业属性和课程内容性质，不能脱离学科属性和教学内容而拔高和越界。长期以来，有些学者为了强调大学语文的重要性，而将其学科和课程属性提升到民族复兴的文化课和学生政治思想品德课的程度，这难免有拔高和越界之嫌。主张者也许是出于借力当代中国政治伦理本位意识，引起决策层重视，快速改变大学语文学科现状的意图，但是，这种学科定位无疑在理论和实践上都疏离了大学语文本质属性，从而与中国文化概论和思想政治理论课造成某种重复,反而淡化了其学科的独特意义,甚至有被代替的风险。教育部曾经下发过相关文件,要求在中文专业之外开设大学语文课程,并且尽量作为必修课。历届中国语文学科教学指导委员会也曾组织过多次会议和调研活动,发布过《大学语文教学大纲讨论意见稿》,但都因为没有作为独立的学科法规和可资参照的理论依据而不了了之。这一切都说明,大学语文的"课程论"研究已经到了非常迫切的地步。

大学语文在我国高等教育中一直被反复强调,但是到现在普遍开始和作为必修课的目标都还没有实现。其中,有一个长期存在并反复被讨论的问题,那就是大学语文教育的功能到底是什么?曾经有人认为大学语文是素质教育,也是德育教育,是思想政治教育的一个重要环节。的确如此,在中国的教育体系中,任何专业教育都包含思想政治教育,即所谓的"课程思政"。与此同时,我们必须认识到,对于大学语文教育来说,必须还有它的行业和专业的特殊性,有着其特殊的功能。有学者指出,大学语文从目的来说是一门品位修养课,从功用来说是一门提供学生可持续发展的基础课,从意义来说则是一门幸福课。大学语文教育最重要的功能就是让每个大学生具有一种语文技能和人文精神,能成为文化传承和创新的真正现代人。所以说,大学语文教育不仅是要满足人才培养的知识情趣需求,也是实现民族文化传承、完善国家发展战略的有效方式,这就是大学语文专业化教育的最终目的和最高境界。

大学语文不只是一门课程,它应该是一个学科。学科是一个知识体系,课程是知识体系的教育。大学语文既是学科也是课程,中国的学科门类分类过度细分化,而且有很多重叠和矛盾。然而,教育学往往并不认可大学语文,大学语文在中文里面又往往被边缘化。这个问题必须从学科规范上加以解决。如果我们不把大学语文作为一个中国语文学科的一个门类的话,那么它和教育学和大学外语以及思想政治专业恐怕也就没有什么差别了。我们必须加强这样一种意识:大学语文就是一个学科,不只是一个课程。按照学科目录分类,大学语文现在还很难成为中国语文学科下的一个二级学科。现在大家都知道,中国语文学科中的语言专业一直在探讨与中国文学学科分离,单独成为一个一级学科甚至学科门类,虽说现在还没有一个最后的结果。那么,我们是否也应该思考一下,大学语文如何在国家的评价体系中,在法规化的学科目录中获得应有的位置。这是我们要争取实现大学语文学科地位的制度理想。要实现以上两点要求，必须加强大学语文学科理论的研究。

第二节 优化大学语文教学教材的结构及内容

一、大学语文教材概况

从20世纪七八十年代之交大学语文课程逐步恢复以来，大学语文课程性质经历了由最初的注重工具性、人文性到兼具审美性、现代性的变化；进入21世纪后，大学语文课程又被赋予了传承、发展、创新中华优秀传统文化的使命。

"大学语文"始于1938年的"大一国文"，但民国时期的国文课主要是强调其工具性。1952年全国高校院系调整后，大学语文课程被取消。20世纪七八十年代之交，大学语文逐步恢复并由民国时期的工具性定位过渡到素质教育的培养，承载起工具性与人文性统一的功能。在教材编写方面，全国大学语文研究会及全国高等教育自学考试指导委员会编写了使用时间达15年之久的大学语文教材；其后，1996年徐中玉、齐森华主编的《大学语文》出版，突破了传统的以文学史知识为线索、以写作知识为重心的局限，以经过反复筛选的古今短小动人的精美文章为实体，力求用选文的典范性来达到提高文化素质的主要目的。2001年由徐中玉、齐森华主编的《大学语文（增订本）》首次按人文主题来编写教材，真正开启了大学语文工具性与人文性的统一。这之后的十多年间，大学语文教材的编写与出版进入了一个前所未有的高峰。据不完全统计，大学语文教材及有关教学用书达2000余种；1996—2006年出版发行总量在1万册以上的教材有32种；2006—2008年出版发行总量在1万册以上的有11种[①]。其中使用最广泛、发行量最大的是徐中玉、齐森华主编的《大学语文》（下文简称"徐本"），该教材迄今共出版了11个版本，发行量超过三千万册。

从现行大学语文教材来看，其编写体例主要有人文主题型，如徐中玉等主编的《大学语文》和夏中义主编的《大学新语文》（北京大学出版社2005

---

①李君. 大学语文教材研究 1978-2008[M]. 哈尔滨：黑龙江大学出版社，2012.

年版）；以时间为经的文学史型，如王步高的《大学语文》（南京大学出版社2008年版）；文选型，如陈洪的《大学语文》（高等教育出版社2016年版，以下简称"陈本"）、杨建波主编的《大学语文》（北京大学出版社2017年版）等。此外，还有文体类、文选与写作类等不一而足。杨建波在《大学语文教学论》中将20世纪80年代以来的大学语文教材类型做了更为细致的划分，分为文选型、文学史型、文体型、人文主题型、文化与文学专题型、母语教育型、综合应用型、专业针对型等八大类。当然这些分类并不绝对，有时也会有所交叉。

从教材所针对的教学对象和层次来看，大学语文又分为普通高校型、职业教育型等。但无论哪种类型和层次，大学语文教材均偏重于中国古代文学作品和中华优秀传统文化，强调的是作品的经典性和广泛适用性。

二、大学语文教材"双创"的原理机制和实践

要把"双创"理论落实到大学语文教材中，首要的问题是古今中外优秀文学作品的内容和比例如何选择。就目前来看，古今兼及可以说是大学语文教材的共同特点，95%的教材都兼顾了这一选文理念。这种选文理念不仅有利于学生知识贯通古今，而且能使学生在继承优秀文化传统的同时不固守传统，从而树立起创新发展的观念。如果我们把中国现当代文学和外国文学部分当成现代性和对人类文明遗产的继承性的内容的话，拿发行量最多的徐中玉等主编的《大学语文》来看，1996版中国现当代文学占比是27.9%，外国文学占比为零；2001版中国现当代文学占比是19.6%，外国文学5篇占比3.9%；2005版中国现当代文学占比18.7%，外国文学占比是6.5%；2007版中国现当代文学占比29.4%，外国文学占比是12.9%；2018版中国现当代文学占比34.3%，外国文学占比是8.6%。由此可见，其中的中国现当代文学和外国文学的占比呈现逐年增加的趋势，且增幅较大，由最初的27.9%增加到42.9%。这个增加的过程也是教材编写者对中国现当代文学和外国文学在培养学生的人文性、审美性、现代性的重要作用逐步认识的过程。

2005年徐中玉先生在第八版前言中提到，大学语文课程要重视"人类优秀文化传统和生活经验"；2007年在第九版的前言中更是清晰地主张大学语文在"不废工具性、知识性的同时，着重体现人文性、审美性、兼具研究

性、创新性乃至深刻的哲理性", "我们一方面要继承本国优秀的文化传统, 学习前人, 另一方面也要吸收外国先进的技术、知识与文化"。张介明在其主编的《比较大学语文》中甚至提出了"全球化语境中的大学语文教育理念", 认为"全球化时代已经为'西学东渐'走向'东学西渐'提供了基础, 东西文化的平等对话在多元宽松的文化语境中将成为可能。在这样的背景下, 我们的大学语文教材还一味地以'资治'为本, 以儒学为体的'国粹'教育, 以大量的文言文课文, 让学生神游故国, 陶醉于'之乎者也''子曰诗云'之中, 其陈旧的价值体系, 已成为解放思想、与时俱进的一种精神障碍, 与现代人文精神面貌拉开了距离, 而且与全球化语境的当下现实岂非形同枘凿? 所以, 我们应该把大学语文纳入全球文化的大视野, 本民族的优秀文化也只有在全球文化大视野中才能得到充分的展示", 基于这一大胆创新的理念, 该教材的第一编旨在比较中凸现作为"文化自觉'重要内容的中国文学的特点, 重点是'异'; 第二编是中外文学的共通现象, 重点是'同'; 第三编是中外文学的交互影响, 重点是'异'; 第四编是中外文学的交互影响, 重点是'通'"①。应该说, 在当今大学语文教材普遍大同小异的情况下, 这本《比较大学语文》将中西文学、中西文化作"并行研究"和"影响研究", 在比较中认同民族文化身份, 这种大气量、大视野、大格局的改革和创新精神在任何时代都极其难能可贵。

因此, 大学语文不仅承载传承中华优秀传统文化的使命, 也承载着吸收人类一切优秀文化遗产以创新中华传统文化的使命。就目前来说, 大多数大学语文教材都是以人文性、工具性、审美性、实用性为主要特征, 以创新性、趣味性、时代性、针对性为次要特征。其中创新性、时代性虽然在目前的大学语文教材中不是主流, 但也是其重要功能与目标要求。就目前市面上所能看到的大学语文教材而言, 最能体现现代性和世界性的是夏中义主编的《大学新语文》(以下简称"夏本")、陈洪主编的《大学语文》(以下简称"陈本")和丁帆、朱晓进、徐兴无主编的《新编大学语文》(以下简称"丁本"), 下面将较为具体地分析这三种教材的"现代性"问题。

夏本遵循"现代人文, 经典诗文"的选文思路, 按主题词对作品进行分类, 分为大学、青春、仁爱、情恋、自由、良知、敬畏、乡愁、记忆、英雄、坚韧、希望、自我审视、反讽、诗意栖居、回归自然等共十六章, "每个主题词都从

---

①张介明. 比较大学语文[M]. 上海: 立信会计出版社, 2006.

一个特殊的角度指向有利于大学生'精神成人'的维度"，流淌着现代人文精神和大学情愫，意在为青春的心灵开启一片诗性兼理性的现代人文空间。其中有六章包含传统文化，其他均为当代的中外经典诗文，其选文"抓住人类普世价值与大学生'精神成人'之间的关系，来设定其内容架构"，不是"一般文学史—思想史意义上的经典文字便能入选；只有那些最契合当代学子的青春境况，或曰最能为其'精神成人'提供类似'文化人格激素'那样的篇章，才有望进入教材"；单元后面"编者的话"，也不是常见的对选文的剖析，而是对单元主题发散式的阐发。这种选文体现出"大学新语文"的经典性、时代性和世界性，对于学生拓展知识结构、培养健全人格、深化文学素养和审美意识都能起到重要作用。可以说，夏本致力于发展、创新中国传统文化、培养学生的现代人格。

陈本分现代文、古代文、诗歌、西文汉译四个分序，整套教材以学生现代人格和自由心灵、怀疑批判精神的培植为暗线。该教材，一是选篇新颖别致，或境界开阔，或风趣幽默，或沉思批判，着眼的是广义的美文，对那些通常划归于"应用性"文体的演讲、序跋、歌词等，只要是经典，也不拘文体一并收录。对传统名篇，尤其着眼在阐释他们作为承载民族精神文化载体所内蕴的民族特色和深远意涵，并使这些传统名篇、经典在新的文化传承中、在当代中国语境中、在现代性的视角发扬光大。二是编写体例上，篇前设置引领式导语和阅读聚焦，提示阅读的兴奋点。选文导读文笔优美，不求面面俱到，重在文学文化阐释，指出作品的独特之处；篇后的"思考与讨论"多为启发式，以养成学生独立、探索、平等、开放的现代人格。三是书中配有与选篇内容相关的、由范曾先生绘画的近200幅全彩插图，拉近了教材与成长于读图时代的当代学子的心理距离，契合了当代学生的审美习惯[1]。四是现代选文较多，文章多姿多彩，导读文字优雅新奇、言简意赅，更容易引起学子的阅读兴趣。相比于王步高版的"双超"，陈本应是这些优秀大学语文教材里最易教、最好学的。相比夏本，陈本的"西文汉译"只有4篇。

丁本着眼于从人的生命与发展、需要与追求、自由与创造、人格与尊严等方面审视人类社会的各种现象，张扬现代人文精神，全书分为通古今之

---

[1]吴政家. 心有独钟：陈洪《大学语文》——《大学语文》教材遴选之我见[J]. 学理论，2014(23)：194-196.

变、乡土中国、文明：冲突与对话、人间世、盗火者、道法自然、我的信仰、天工开物、美的历程、文心诗品、为学之道等十二个主题。教材篇目中中国现当代文学占比30.1%，外国文学占比占22.9%，两者合起来为53%，其"现代性"特点十分鲜明。该教材在体例、主题和内容上都有较大创新，如"文明：冲突与对话"所彰显的文明发展观、"天工开物"彰显的科学人文观、"盗火者""我的信仰"所表现的对自由、民主、正义、平等等人类理想的追求等，都改变了传统教材选文的单一性，增强了多样性、人文性、现代性与趣味性，既体现了中国文化厚德载物、自强不息的精神，又体现了在全球化过程中中华优秀传统文化所具有的与时俱进的文化创新价值；既吸收了西方优秀文化精神尤其是文艺复兴后的人文理念，也继承了伟大的"五四"文化精神。

相对来说，大学语文"四性"中对"现代性"的认识较为滞后，教材内容上也较为欠缺。然而，我们的教育归根到底是要培养具有现代人文意识的现代人，我们传承中华优秀传统文化的目的也终究是要使中华优秀传统文化得到创造性转化与创新性发展，实现跨时代的超越和新生，为培养现代人才服务，为建构现代社会服务。而上述教材均以令人耳目一新的体例、内容和主题从实践上大大拓展了现代人文精神，是对中华优秀传统文化的传承、发展和创新。

三、大学语文教材建设——以高职院校为例

（一）精心策划单元主题

要在有限课时里最大限度地提高语文课程立德树人的成效，作为教学内容主要载体的教材就必须重点关注能使学生受益最大化甚至终身化的主题。要在坚定理想信念上下功夫，要在厚植爱国主义情怀上下功夫，要在加强品德修养上下功夫，要在增长知识见识上下功夫，要在培养奋斗精神上下功夫，要在增强综合素质上下功夫，"六个下功夫"归纳了社会主义建设者和接班人应具备的基本素质，为办好教育事业提供了根本遵循，也为大学语文教材建设提供了思路和方向。教材可围绕立志、报国、劝学、技艺、孝亲、爱情、团队、创新、自然等主题选材、组材，体现重点和突破点。在世界格局转换、中国社会转型、网络飞速发展、信息渠道多元的背景下，结合学生需要，高职院校大学语文教材应将劝学、孝亲、技艺等列为教材重点

单元或重要主题构成。

1. 劝学

"皮之不存,毛将焉附"。学习就是"皮";学生不思进取不肯学习,教师在台上自言自语"本课程学习什么""本课程怎么学习"这些"毛"就是毫无作用的。所以,教材编写时应将唤醒学生的学习意识、激发学生的奋斗精神设定为一个重要教育目标。"学习——成长之梯"应该是放在大学语文第一讲的授课主题,主题提取于学习是文明传承之途、人生成长之梯、政党巩固之基、国家兴盛之要。该主题可以按为什么学习、学习什么、怎么学习逻辑设计。让学生明白:学习是一个人一生的成长之梯,是一辈子要做的事情;不仅要读专业技术书,还要读思想政治书、人文经典书。

2. 孝亲

父母叮咛孩子的不外乎两个方面:好好学习,保重身体。不同地区、民族、家庭、年龄的父母对子女的叮嘱为什么惊人相似?原因在于共同的孝道文化——"身体发肤,受之父母,不敢毁伤,孝之始也。立身行道,扬名于后世,以显父母,孝之终也。"保重身体,是"孝之始";好好学习,好好工作,建功立业,是"孝之终"。由此,可以切入第二个主题:"孝道——德之根本"。孝道是从人的最亲近、最自然的情感出发来感化人、教化人。让学生明白:孝是一个人所有品德的根本;一个人做到孝,下可不作践自己,中可报答父母,上可报效祖国和人民。

3. 技艺

教材应重点关注学生未来的角色——蓝领工人、技术工人之类的主题。素质是立身之基,技能是立业之本,技术工人队伍是支撑中国制造、中国创造的重要力量,激励更多劳动者特别是青年一代走技能成才、技能报国之路,培养更多高技能人才和大国工匠。因此,"技能——立业之本"应该是高职语文教材大书特书的主题。首先,职业教育与普通教育是两种不同教育类型,具有同等重要地位,引导学生丢掉自卑与偏见,正确认识、理解甚至热爱职业教育。其次,大力宣扬劳模精神、劳动精神、工匠精神,引导学生学文化、学技能,不断提高综合素质,练就过硬本领。让学生明白:技术工人是实施"中国制造、中国创造"宏伟战略的生力军;爱岗敬业、精益求精、团队协作、敢为人先是劳模工匠成功的不二法门;读高职也辉煌,只要肯付出,自己的人生一样能出彩。

（二）精细遴选文章篇目

在以"思政性"为主，兼具人文性、工具性的大学语文教育定位前提下，围绕"六个下功夫"主题遴选大学语文教材篇目，就不应该再囿于"文学"范畴，可以以文学为主体，兼选哲学、史学、艺术、新闻等方面的作品。如《明史·李时珍传》，写李时珍"三试于乡，不售""历岁三十，功始成就"，卫生护理类职业院校教材选用此文再合适不过。这样做既有利于围绕作品主题扩大选择范围，也有利于提升学生的学习新鲜感和积极性提升。

至于文学作品类选文，笔者认为应坚持两个原则：一是坚持主题性，如前文所述，不再赘述；二是提升新鲜感，大学语文应尽力避免重复中小学甚至幼儿园学过的内容。例如，郑州职业技术学院在编写教材之前对初高中语文教材内容进行穷尽式摸排，结果显示：河南学生初中阶段已经学习各类语言文学作品279篇（首），高中阶段已经学习各类语言文学作品178篇（首）。通过详细调研分析，最终避免这457篇作品出现在校编教材之内的做法值得学习和借鉴。当然，随着高校招生范围不断全国化，仅仅排查本省初高中语文教材内容是不够精准的。还要排查全国范围内中学、小学，甚至幼儿园阶段涉及的各类语言文学作品。

第三节 调整大学语文教学的思维

大学语文是大学生传承中华优秀传统文化的重要载体，是一门综合性的人文素质通识教育课程，它是母语教育中不可或缺的重要一环。大学语文开设的重要性和必要性早已形成共识。自从改革开放之初高校重开大学语文课程以来，这门课程越来越受到重视，大学语文教学与课程建设也取得了较大突破。思维是课堂教学的灵魂，无论是教师设问、学生自问、合作讨论、质疑等，都必须围绕这个中心来开展，而评价这些活动的标准就是学生思维的质量。新的理念催生出对课程的新要求，既要求培养和提高学生汉语言文学与文化等方面的阅读、理解和表达能力，又要求培养批判性思维和创新思维，扩大学生视野，启发思考，提高综合文化素质水平。

一、批判性思维和创新性思维：提升大学语文教学效率的必要路径

当前通行的大学语文教材在选取中华优秀传统文化的篇目上都有不同程度的增加，力图从思想文化角度影响学生的人生观和价值观。20世纪90年代以降，从国家层面，开始大力提倡并实施文化素质教育，全国各地高校把大学语文当成一门大学生文化素质教育的基础课程陆续开设。坚守中华文化立场、传承中华文化基因，不忘本来、吸收外来、面向未来，汲取中国智慧、弘扬中国精神、传播中国价值，不断增强中华优秀传统文化的生命力和影响力，创造中华文化新辉煌。传统文化和语文有不解之缘，因为语言的习得离不开传统的继承和发展，加大优秀中国传统文化在大学语文中的比重，必然成为大学语文教学的发展趋势，我们要把握其精神实质，学以致用。

但是，我们也要认识到，传统文化有其时代的局限性，不一定完全适应现代文化的语境。传统文化蕴含的思想文化，我们不能不加选择地全盘继承，要审慎地加以对待，对其中与现代政治、思想不相符合的理念也要仔细辨析，批判地继承。比如，"三纲五常"是中国儒家伦理中的重要内容，它曾经是历代统治者赖以维护社会秩序的伦理道德和政治制度。现代以来，对于"三纲五常"的评价和态度却有巨大变化。"三纲"包括了君为臣纲，父为子纲，夫为妻纲三个层面的内容。从现代政治理念角度去评价，我们一般认为"三纲"存在着强权意识、专制意识，缺乏现代民主意识与自由精神。所以并不把它当作传统文化中可以吸取和继承的精华部分。而对以"仁、义、礼、智、信"为内容的"五常"则有更为积极的评价。"五常"又被称为"五典"或"五伦"，作为调整各种社会关系之间人的社会行为准则，不仅在传统社会中被积极倡导，在现代社会也得到更大的包容和接受。"五常"的核心是仁，仁者，爱人。所谓"仁"就是体现了内在的爱。当然，儒家提倡的仁爱不是无差别的兼爱，而是强调爱有差等。首先要求个人做好家庭中的基本角色，尽到孝悌，然后推而广之，才能对上尽忠，对他人尽责。"五常"之道实际上是三纲的具体化，两者联系紧密，不能割裂开来。但是，现代社会，人们主张把"五常"与"三纲"区别对待，"五常"的封建意识形态色彩较淡，赋予新的内涵之后，容易加以改造，并与现代观念相融合。把传统文化思想内涵与现代文化的价值理念结合起来，坚持古为今用的原则，深入挖掘其

与现代社会相适应的理念。扩大外延,把"五常"当成是伦常、做人的准则,把它当成衡量个体人品的标准加以利用。客观地说,"五常"中包含着许多积极因素,也是中华民族优秀文化遗产的一部分,剔除其封建性的特定内涵,应予以继承和发扬。它不但在古代可以规范、调整人际关系,即使在现在,也具有规范、调整人际关系的重要作用。在当下社会,坚持实事求是的态度,正确评价"五常"的价值,对于维系社会伦理、促进社会进步能起到积极的作用。

大学本科教育是普及优秀传统文化的提高阶段,借助大学语文课程这个重要平台,加大传统文化教育,可以提高大学生的中国文化自信。在大学语文教学中加强优秀传统文化分量,也有助于形成学生的社会主义核心价值观和正确的人生观,成为积极健康的处事原则和构建美好精神家园的必要条件。从历史上看,中国古代先哲的思想给后人留下了宝贵的精神财富。它不仅奠定了古代中国人的思想基础,它也超越时空,对人类普世价值观的形成起到了建设性作用。但是在具体教学中,则需要激发学生的批判性思维和创造性思维能力,让学生有能力辨别传统文化中哪些是精华,需要继承和吸取,哪些又是糟粕,需要反对和抛弃。只有真正培养和激发出了学生的批判性和创新性思维能力,才能真正具有传承传统文化中的优秀部分,而摒弃其中糟粕的能力。

二、文本细读:批判性思维和创新性思维培养的有效抓手

文本也译作本文,是文化的载体。文本细读,也被称为细读。细读指对文本的语言、结构、象征、修辞、音韵、问题等因素进行仔细解读,从而挖掘出在文本内部所产生的意义①。它是20世纪西方文艺理论中的一个重要概念,同时也是一种重要的阅读方法,是属于英美新批评流派的术语。它强调文本内部语言的丰富性、复杂性。"新批评"强调关注语言的内涵与外延,和文本的内部结构,是一种以文本为中心的有思想灌注的技术。德里达创立了解构阅读的方法,通过"批判性阅读",对围绕文本的核心概念和主要议题进行讨论,对核心问题和细节进行探究,对文本进行梳理和评价。这些起源于西方不同阶段解读文本的理论,对于加深领悟中华传统文化内涵有方法论上的指导意义。在"批判性阅读"中,要激发思维的深度和广

①赵一凡,张中载,李德恩,等. 西方文论关键词[M]. 北京:外语教学与研究出版社,2006.

度,基于评价而建构出文本自身的意义。文本既包含内容,又包含形式,都在文本解读范围之内,我们不但要关注文本的内容阐释,还要关注文本的形式解读,通过阐释、澄清、审视、反思、评价、判断,细化落实到可操作的层面,创造性地解读文本,同时兼顾其中的情感和理性。

《孟子·滕文公章句下》中对杨朱、墨子的评价就是很好的"批判性阅读"范例。孟子说:"杨氏为我,是无君也;墨氏兼爱,是无父也。无父无君,是禽兽也。"孟子是有感于古圣先贤的儒家思想在当时社会没有彰显出来,认为其他似是而非的异端邪说盛行,搞坏了人心,所以才骂杨朱和墨子为禽兽。但是细读文本,从逻辑角度去分析,其论证的前提推不出结论,其论证不合逻辑,犯了推不出的错误。杨朱的"利己"思想,孟子认为如果推而广之,所有人都只顾私利,就会不知有君,不知有国。而墨子的"兼爱"是无差别地对待一切人,这样便抹杀了伦理、亲疏、等级、尊卑的界限,会造成社会秩序和价值观的混乱。孟子虽是大思想家,但从这段话可以看出其思想认识也存在着局限性。我们经过深入分析,发现孟子的错误是对杨、墨两家的学说攻其一点,不及其余,并使之绝对化、极端化。用批判性思维的角度来看,杨朱也不仅是为我、利己,还有珍视生命、保护私人权益不受侵犯的价值理念。杨朱的"为我"含有"贵己"和"重生"的思想,其利己主义思想有不把自己的幸福建立在他人的痛苦之上,有追求生命的自足、精神的自由和灵魂的安宁的价值观,因此,我们也不能完全否定。而墨子的兼爱,可以认为是不分等级不分远近亲疏的爱,虽然有其乌托邦的特征,但也试图在兼爱的基础上,提倡"非攻",有促进社会和谐发展的作用。孟子称其为禽兽,确有过分之处。诚然,孟子主张的"亲亲"观点,提倡"爱有差等"的主张,比墨子的无差别的"兼爱"说,可能更符合人性,在社会现实中更容易为人接受,在规范人际关系、提升国民素质上具有可操作性,这也是不争的事实。但我们不能因此得出孟子对杨朱、墨子的批判就是合理的、符合逻辑的。通过以上事例的文本细读,多角度多侧面地阐释经典作品,做到有理有据,重在阐述理由,以理服人,就能够打破非黑即白的线性思维定式,形成多元的价值观,这是我们应该提倡的解读文本的方法。

大学语文中还有不少文质兼美的优秀篇章需要这种"细读"。要鼓励大学生勤于多角度思考问题,在有充分理据的基础上,勇于发表独到的见解,充分挖掘潜能,提高分析问题与解决问题的能力。要注重因材施教,循循善诱,让学生追本溯源,举一反三,触类旁通,注重师生双向交流,从简单的接受性学习转变为研究性学习,充分调动学生的主动性、积极性和创造性,尊重学生个性,鼓励学生大胆质疑问难、努力探索、深入研究,提高大学生的批判性思维和创新思维的能力。

三、批判性思维——大学语文教学的基本能力要求

批判性思维的逻辑起点是质疑,没有质疑就没有批判。但质疑不是怀疑一切,不等于简单的否定。批判性思维的起源可以追溯到2500年前的古希腊思想家苏格拉底。他认为,一切知识均从疑难中产生。苏格拉底的批判性思维实践,被后来众多学人传承,其中包括记录其思想的柏拉图、亚里士多德等人。这些先哲都强调,人们所看到的东西与事物的本质通常有很大差别,只有受过专门思维训练的人才能透过表面看到事物的本质。批判性思维是运用逻辑的和思辨的方式,分析论证中的谬误,寻求更好的论证理由,做出更可靠的推理。"它着力辨别逻辑谬误,分辨偏见和事实、观点和证据、判断和合理推理,善于利用不同的推理方法(归纳、演绎、形式推理、非形式推理、类推,等等)"[①]。其前提首先明确概念内涵和外延。分清楚命题中事实和观点的区别,支持结论的证据可信度如何,证据是否有欺骗性,有没有遗漏的信息等等,使学习者的思维日趋严密。批判性思维的目标是基于充分根据的判断,通过使用适当的评判标准来决定事物的真实价值。美国近代哲学家约翰·杜威在一个世纪前,在《我们如何思维》一书中首次提出了反思性思维的概念,强调"有意义的思维是不断地、一系列的思量,连贯有序,因果分明,前后呼应"[②]。提倡培养系统化思维,防止碎片化思维,这对于缺乏思维系统训练的大学生而言,无疑有启示作用。他所说的反思性思维,也与批判性思维相通。

中国传统文化是长期以来形成和发展起来的比较稳定的文化形态,是古代中国先民智慧的结晶。中国传统文化把个人与他人、个体与群体、人与自然有机地联系起来,注重和谐,蕴涵着宝贵的思想财富,具有强大的生命力和凝聚力。对中华民族性格的形成和当代中国人的价值取向起到了至关重要的作用。但中国传统文化,尤其是比较典型的儒家文化,缺乏批

---

① [美]斯蒂芬·D.布鲁克菲尔德.批判性思维教与学帮助学生质疑假设的方法和工具[M].钮跃增,译.北京:中国人民大学出版社,2017.
② [美]约翰·杜威.我们如何思维[M].伍中友,译.北京:新华出版社,2015.

判性的思维传统。致使后学往往一看到"经"就认为需要阅读背诵，是必须遵从的。很少想到"经"也是要论证后才能决定真伪的。因此产生了传统的解经式的学习方法，大批的学者皓首穷经，涌现出诸多代圣人立言的"我注六经"式的著作。后来，20世纪初经过中西学术训练的学者认识到，真理本该是经过思想论证、明辨后，产生敬畏并内心自愿遵从的行为。古圣先贤的经书也不例外。因此，大学语文把经典用作思辨的文本，摆在学生面前，让学生自由讨论，运用批判性思维，能够给大学生以启迪，产生更好的思辨效果。

我国传统文化资源浩瀚，积淀出丰厚的文化底蕴。但是，这些资源当中也存在一些落后、愚昧，与现代文明无法相融的东西。所以，既无必要，也无可能全盘继承。必须沙里淘金，优选精华。用中华民族创造的一切精神财富来以文化人、以为育人。传统的大学语文教材主要选择文质兼美，文化意涵深厚的文本。通过"批判性阅读"对传统文化进行梳理，萃取精华，提炼经得起时间检验的价值理念并做出当代性的阐释，弘扬讲仁爱、重民本、守诚信、崇正义、尚和合、求大同等核心理念。大学语文阐释文本是阅读教学的基本任务，也是提高写作能力的基础。课堂讨论应倡导有理有据，以评说引领语言表达能力的提升，指导学生以研究性学习方法为主，注重总体把握，个案分析。通过阅读、思考、讨论、辨析，批判地继承和借鉴前人的体验、感受和思想，提升审美趣味，力求融通文史哲学科界限，规定必读篇目，撰写读书笔记、小型论文，提升书面表达能力。语言的习得、思维的训练应当适应现今的社会发展要求和大学生发展的特点，立足于大学生综合实践素质的培养，为培养高素质人才打下坚实的基础。鼓励学生写作说理文章，给学生提供文本发布平台，全方位、多侧面地渗透中华优秀传统文化内容。培养大学生在学习过程中收集资料、整理资料、分析资料的能力，使之全面发展。避免陷入狭隘、封闭、死板、被动、局部、脱离实际等思维缺陷形成的认知障碍。排除个人僵化心理和其他非理性的因素，遵循批判性思维的原则：探究、评估、推理、解释、质疑，开放。在新形势下，通过大学语文课程加强母语的阅读与写作训练，加深对中华优秀传统文化的理解，培育创造性和思辨型人才，就必须把培养批判性思维和创新思维作为素质教育的重点。这是时代的要求，也是社会发展的必然要求。

当前传统大学语文教材内容重视文本的文采远胜于学理的探索，在写作能力的培养方面,更多关注文学性写作,注重文采,缺乏逻辑表达训练和批判性思维和创新性思维训练。当前,通过大学语文课程培育批判性思维和创新性思维,训练说理写作能力,意义极其重大。国际上通行的做法是注重说理写作训练,深入阅读和分析文本、利用证据、提问、结合原文素材、发展观念、组织论据,以清晰有效的方式与读者沟通。把一个概括性的话题分解开来,使其内涵、外延更清晰,同时具有可操作性,找到强有力的论据来证明结论。了解多种思路和方法,培养学生以文字阐述自己思想的能力,培养与他人沟通的能力,表达能力。

在国内,近几年清华大学开设了与之相似的"写作与沟通"课程,在这方面做了有益的尝试。没单独开设此类课程的各个高校,可以依托大学语文课程进行相关能力的培养,同时兼顾创新能力的培养。批判性思维是创新性思维的前提,是高质量创新的保障,创新性思维是批判性思维的结果,是提高思维品质的路径依赖。处理好继承和创新的关系,处理好传统文化与当代文化的关系,科学地传承和发展中华优秀传统文化,准确地把握传承和创新中华优秀传统文化和借鉴吸收外来优秀文化的关系,都是亟待解决的问题。坚持以人民为中心的工作导向,坚持以社会主义核心价值观为引领,坚持创造性转化、创新性发展,坚守中华文化立场、传承中华文化基因,不忘本来、吸收外来、面向未来,汲取中国智慧、弘扬中国精神、传播中国价值,不断增强中华优秀传统文化的生命力和影响力,创造中华文化新辉煌。这样才能更好地提高当代大学生的思想文化素质,培养出适合中国特色社会主义的新人。

四、创新思维能力——大学语文教学的主体目的之一

创新是指人类为了满足自身的需要,不断拓展对客观世界及其自身认知与行为的过程和结果的活动。简单说,就是对原有东西的整合。创新并非无中生有,遥不可及,也并非天才的专利。可以通过勤奋的学习和严格的训练培育出来。创新性思维是以独创性的方法解决问题的思维过程,这种思维能打破常规思维的局限,以超常规视角去思考问题,提出与众不同的解决方案,从而产生独特的思维效果。

首先,坚持正确导向的创新原则。随着教育理念的发展,我国传统文化教育强势回归,不仅在学生基础教育阶段,传统教育已经越来越被社会

所重视,在大学教育阶段也同样注重传统文化的比重。尤其是在人文学科中,更能体现这一现象。但中国传统文化具有时代属性,与当下的社会语境不完全吻合,不能完全体现出现代社会价值理念。我们对待传统的态度,首先要深入挖掘中华优秀传统文化中蕴含的人文精神、道德规范和充满人文精神的价值内涵,树立正确的人生观。关键是要培养创新能力,激发学生好奇心、想象力和创新思维,养成创新人格,鼓励学生勇于探索、大胆尝试、创新创造。其中,关键词是创新思维。传承和创新传统文化要和当代社会生活结合起来,学理的贯通和方法的指导是前提,一味地"遵"和"从"无法达到目的。社会发展到今天,社会的民主性主体意识,远超农耕时代的文明,需要创新作基础。优秀传统文化的创新离不开语言的创新,人是语言的动物,语言是人存在的基础,是决定人的思想因素之一,语言和文化有着天然的联系,某种程度上说,语言决定了人的生存方式,通过语言传承而成为人。通过对具体而微的大学语文文本解读,梳理蕴涵其中的中华优秀传统文化的内在价值并落到实处,有效建构大学生精神家园。既要从原典出发,把握精髓,同时还要不断与之对话、不断发掘其现代价值和意义,提高大学生母语文学素养。从学习主体出发,通过"语言"达到对主体自我素养和能力的提升,这是一个由外而内,再由内而外的经典教育的实践过程。

其次,整理、阐释古人的相关论述,转换知识的依据和思想资源。真正让"传统之道"走进当代大学生文化教育中,前提是离不开古代语言的现代转化,传统语言无论从内涵的精确性,还是从外延明晰性来看,与现代语言都有较大的差距,首先要过语言关,提高母语表达的能力,大学语文就有了用武之地。以经典文本教育弘扬和传承传统文化精神,并不是在现行的课程体系之外另起炉灶,而是要在现代课程中融入传统文化教育的理念、思想和方法。借鉴和运用传统文化教育的精华和策略,提高大学生思想文化素质也是大学语文"课程思政"的重要抓手。立足中华优秀传统文化之"道",在同情地理解传统文化中了解自己,了解社会;在理解世界中完成自我人格的塑造,这就是文化创新的具体表现。这也是儒家传统所提倡的"格物、致知、诚意、正心、修身、齐家、治国、平天下"的人生修炼之路的当代体现。同时彰显了中国文化中个人理想与社会理想的一致性,只有通过"语言"把握思维内涵,塑造个体精神,才能对其价值观进行内化和体认。

创新思维能带给人们独到的见解、新颖的方法、崭新的视角,以及理解和接受事物的全新方式,我们应予以重视。

最后,深入开掘传统文化观念的丰富性,继承传统文化话语的实践品格。当前在古代传统文化话语与当代文化话语对接的过程中,完成自身的文化创新是当务之急。中国传统文化话语的生命力旺盛,我们要切实把握传统文化话语的精髓,寻求中国传统文化在当下社会的合理定位,开辟中国传统文化在大学课堂的有效的传播路径,注重普及,让传统文化飞入寻常百姓家,创造出面向世界的中国传统文化话语。坚持古为今用,洋为中用的原则,通过对传统文化话语的阐释与现代理念的对接,以促成核心价值观的形成。在批判性的继承与创造性的转化中真正影响青年人的世界观、人生观和价值观,同时也能引导社会弘扬正气,激发爱国主义情感、培养崇高的理想信念。因此,在大学语文课堂内外,可以充分地利用网络资源,结合大学生社团活动,进一步加大传承和创新中华优秀传统文化力度,培育家国情怀和提升个体道德品质。把中华优秀传统文化的"铸魂工程"与大学生文学素养提升结合起来,使中华优秀传统文化发扬光大。

注重传统文化话语的现代转换,与母语的熟练运用,思维品质的提高不可分割。加大优秀中国传统文化在大学语文中的比重,提高大学生思想文化综合素质是社会发展的必然趋势。把大学语文和继承中华优秀传统文化相结合,既可以受到思想感情、审美体验、精神境界、人生价值多方面的感悟和浸润,又能培养大学生人文精神,获得理性和智慧的启迪,在"大众创业,万众创新"的时代,批判性思维和创新性思维尤显重要。从语言和思维层面传承优秀传统文化,需要大量的知识积累和知识储备,需要大学生勤奋地努力和审慎地思辨。只有在了解并掌握的基础上,汲取世界上一切优秀的文化成果,博采众长,立足于实践,用开放性的眼光和务实的态度才能创造出超越古人的,与当代中国特色社会主义相适应的新文化。

第四节 发展大学语文教学的师资力量

从教师的角度来看,目前大部分高校从事大学语文教学的教师较少。

这些教师的研究方向有古代文学、现当代文学、语言学方向等,除了担任大学语文课程的教学外,他们更多地是在自己的专业领域担任专业课程的教学。可见,大学语文课程教学并没有得到所有高等院校和教师的高度重视,与专业课的中心地位相比,大学语文课程的地位比较尴尬。要想改变当前大学语文课程的这种尴尬局面,笔者认为,高等院校有必要建立一支思想素质高、知识丰富、综合能力强的大学语文师资队伍,以真正实现开设大学语文课程的目的。

一、大学语文师资队伍要从思想上高度重视大学语文教学

在当今中国中小学教育阶段,语文课程一直是主干课程,其地位非常之高,受到学校、教师、学生及家长的重点关注。而到了高等教育阶段,尽管大学语文课程被中国很多高等院校确定为公共基础课程,但是长期以来却一直没有得到应有的重视,究其原因,在于各高等院校过分关注专业课程的教学。部分高等院校的大学语文课程基本上都只开设一个学年,每周只有2课时,有时候还会出现以合班的形式上大课的情况。

由于大学语文课程在高等院校课程体系中属于公共基础课程,相比专业课来说,它的教学课时得不到保障,且统计教学工作量时也不比专业课,再加上课程科研空间有限,担任大学语文课程教学的教师地位也比较低,普遍得不到应有的重视。所以,也就导致了很多大学语文教师在思想上也不重视大学语文课程的教学,他们的工作积极性也不高,甚至有个别大学语文教师在上课时,就是一本书、一张嘴,连基本的教案都没有,在课程教学过程中,天马行空,想到哪里说到哪里,更别提在教学中能形成自己的独到见解和独特的教学特色了。在这种情况下,学生学习大学语文课程的兴趣也就很难调动起来,大学语文课程开设的目的也就难以达到。

因此,大学语文教师要想真正上好大学语文课,必须从思想上高度重视大学语文课程。首先,要能全面、深刻领会在高等院校开设大学语文课程是要培养学生汉语言文学方面的阅读、欣赏、理解和表达能力,提高学生的综合文化素质。当前社会发展的节奏非常快,要想适应社会的发展节奏,就必须适应社会发展的需要,全面提高自身的素质,而学生的综合文化素质的提高正是全面提高自身素质的基础。其次,要清楚中华民族是一个具有悠久历史和灿烂文化的民族,中华民族的传统文化是我们祖先留下的

一份非常宝贵的遗产,是中华民族的根,也是中国现代文明的基础。大学语文课程中蕴含的深厚中国传统文化知识,有利于培养大学生的健全人格,提高大学生的综合文化素质、促进其全面发展[①]。

二、大学语文师资队伍的学历、职称、年龄结构要合理构建

教师的素质直接影响着学生的培养质量。大学生综合文化知识的学习离不开高素质的、优秀的教师,大学语文所涵盖的文化知识是大学生学习其他知识的基础。大学语文课程授课质量的提高必须有一支相对稳定,学历、职称、年龄结构合理的大学语文师资队伍作为坚实的基础、坚强的后盾。大学语文作为一门综合性知识较强的课程,对教师的知识水平、文化内涵以及责任心提出了很高的要求。因此,高等院校首先要制定相关的政策规章,提高大学语文教师的待遇和地位,以吸引更多有志于投身到大学语文课程教学的优秀师资。其次是要加大对大学语文课程教师的培养力度,规划培养方案,设立培训专项经费,鼓励大学语文教师攻读高一级学位或者到大学语文课程教学开展较好的高校做访问学者,全面提高大学语文教师的教学理念、教学方法。再次是要加强青年教师的培养,青年教师是高等院校未来发展的中坚力量,不少高等院校经常让刚参加工作的年轻教师参与大学语文课程教学,年轻教师没有太多驾驭大学语文课堂的经验,缺乏对大学语文课程的系统性认知,实际教学能力相对较弱,所以培养年轻的大学语文教师是当务之急。

大学语文虽说是一门公共基础课程,但它涉及的知识范围广,内容多,因此非常需要构建、打造一支学历学术水平高、年龄、职称结构合理,有较强教学科研能力的教师队伍。每一位大学语文教师都要能够加强个人道德修养,努力钻研相关学科知识,不断提升专业教学水平和科学研究能力,努力提高课程的教学质量,在此基础上组建结构合理的大学语文教学团队,同时建立有效的团队合作机制,以共同推动教学内容和教学方法的改革和研究,促进教学研讨和教学经验的交流,这样才能在实际教学中因材施教、科学施教,培养出高素质、高质量,高水平的优秀大学生。

---

① 刘延福. 理工院校大学语文师资队伍建设的策略[J]. 宁波教育学院学报,2011,13(05):61-64.

三、大学语文师资队伍要具备丰富的知识结构

大学语文课程作为高等院校的公共基础课,不是独立的专业,在很多高等院校得不到足够的重视,课时工作量计算甚至还要打折,这就造成有的教师不太愿意承担大学语文课程的教学,高校只好安排刚参加工作的年轻中文专业教师或其他专业有一点中文基础的教师去上大学语文课,或者有的教师为了凑足教学课时去上大学语文课。如此一来,大学语文课的教学质量参差不齐,教学总体水平偏差。因此在一些高等院校,一些大学语文教师的业务素质水平偏低,出现无法实现大学语文课程教学目标的情况。针对这一情况,可以从以下几个方面进行考虑,来构建具有丰富专业知识的大学语文师资队伍。

(一)培养中文专业的"大语文"专职大学语文教师

高等院校"大语文"教育教学就是将大学语文课程置于中国传统文化的大背景中来选编教材内容,制定执行教学计划,达到传承文化传统、使受教育者接受民族传统文化教育的目的。大学语文教学,就是要通过大学语文教师的授课和组织学生进行课堂讨论,使得大学生能够运用语文基础知识主动体悟、领会经典文本中渗透的深刻文化内涵,真正领悟到课文中所蕴涵的人文精神实质。

大学语文课程教师不仅是教师,更是语文教学方面的专家。作为教师,需要将自身所拥有的知识转化为学生所能掌握的知识,并借以发展学生的智能,这就需要教师掌握教育知识和教学技能。作为专家,其专业素质从知识结构方面看,一定要广博积累语文所涉及的各学科知识,在特定专业环境中,既要立足语言文学,又要向思想文化领域延伸,形成个性化的话语系统和鲜明的语言学、哲学、美学的思想认知体系;从能力方面看,还需及时掌握语文学科学术前沿的新动向,从而具有独立的科学研究能力。

作为大学语文课程教师,面对大学语文这样一门包含了诗、词、文、赋、曲、戏、小说等多种文学形式,并且融汇古今中外大家和名著的综合性课程时,教师们很容易就能感觉出自己的专业知识功底还有待进一步夯实。要培养"大语文"专职大学语文教师,首先,要努力提高自身的专业知识学习及研究的意识,使自己在专业学术研究领域能够形成自己的观点、看法,从而提高自身的科学研究水平,进一步促进教学内容组织的条理性。其次,

大学语文教师必须做到博览群书，以此充实、优化自己的综合知识结构体系，并促进自身综合文化素质的不断完善。再次，要能够做到不断充实自己已有的文学理论知识基础，积极关注当代文学创作及研究的最新进展、最新成果。这样才能真正地做到理解知识、领悟知识，并能较好地掌握文学欣赏或文学批评的方法，进而提高自身的文学及文化修养，促进教学水平的提高及科研能力的进步。

（二）培养中文专业的"分模块（或分段）教学"专职大学语文教师

高招规模的快速发展，导致高等院校的规模迅速扩张，高等院校在校学生人数也大量增多，大学语文教师的教学任务日益加重，在绝大多数高等院校，中文专业的大学语文教师都另外从事一门或两门中文类专业课程教学，例如古代文学、现当代文学、语言学、教学法、写作学等课程，且他们在教学和科研中所研究的重点问题，由于职称评定等因素的影响，都与各自的研究方向或者所教授的专业课程相关，他们一般不会深入地考虑大学语文的教学理论与实践，这也就导致大学语文教师的主要备课内容和科研内容与大学语文课程教学不相匹配。

当前，在个别高等院校，为了提高大学语文课程的教学质量，在教学中采用"分段教学"，即把大学语文课学习的内容，进行重新编排，分类合并，将所有的教学内容划分为若干专题，根据不同专题安排相应教师授课，采用分段式的评价模式，促进学生对各个专题知识的系统掌握。具体来说，以王步高版《大学语文》（2008年6月版）为例，该教材分为三十六个单元，涵盖了从《诗经》、先秦散文到现当代的主要作家、主要文学流派，包括了诗歌、词、曲、赋、散文、小说、戏剧各大文体。在实际教学中，可以将大学语文课程在内容上划分为：文学类知识（分先秦文学、汉魏六朝文学、唐宋文学、明清文学、现当代文学等阶段）、汉语基础知识（分为古代汉语、现代汉语）、演讲与朗诵知识、写作知识（分为基础写作、应用文写作）等模块，其中以文学知识（文学史、文学流派，文学作品的欣赏）这一模块为重点，每一个模块或者模块的不同阶段或方向，可以安排相对应的专业课教师分别来给同学们进行讲授，共同完成一个学期（16周共32学时）或一个学年（32周共64学时）的大学语文教学任务，在学时的分配上，建议文学类知识这一模块安排的时间一学期23学时或一学年46学时左右，汉语基础知识一学期3学时或一学年6学时左右，演讲与朗诵知识一学期3学时或一学年6学时左右，写作知识一学期3学时或一学年6学时左右,在每个学期结束时,不同模块(或阶段)的教师的课程成绩根据课时比重各占相应的比例,最后汇总为学生该门课程的期末综合成绩。

大学语文课程教学采用"分模块(或分段)教学",对学生来说,可以大大提高学生的学习兴趣和听课积极性,减轻学生因长时间听同一位教师同一种授课的风格而带来的审美疲劳感;对教师来说,可以让每一位授课教师都能充分发挥自己的专长,因为他们所讲授的都是自己最熟悉的、最擅长的内容。教师在授课的同时还必须注意,要根据大学语文教材的内容及不同专业学生的特点,有重点、有层次地选择授课内容,不能把大学语文这一公共基础课程当成专业课程来上,否则不但不能提高学生的学习积极性,而且也达不到大学语文课程培养学生汉语语言文学方面的阅读、欣赏、理解和表达能力,提高学生的综合文化素质这一目的。

(三)培养具有一定非中文专业知识背景的专职大学语文授课教师

随着时代的发展、科学技术的进步以及经济全球化的发展形势,各学科、各专业之间的相互渗透与融合成为大趋势。作为公共基础课的大学语文课程,加强与其他专业的课程融合,有利于开展对非中文专业学生的教育。因此在大学语文教学过程中,要考虑教学内容的选择和学生的专业特点相结合,要考虑学生的实际情况与所选内容的实用性相结合。

大学语文教材所选的文章涉及的内容非常广泛,其中不乏一些融文学艺术性和专业性为一炉的典范之作。例如,对于管理类专业学生来说,顾炎武的《廉耻》指出为官应为民做主,做到清廉如莲,对于依法治国,从严治党,执政为民有着现实的借鉴意义。李斯《谏逐客书》中鲜明地提出任人不论亲疏的观点,对现代社会的用人观、人才的自由流动有着积极的启发意义。

在大学语文课程教学中,要想真正做到根据学生的专业特点来选择教学内容,就要求大学语文教师要具备相关的非中文专业知识(如管理、经济、政治、生物学等专业知识)。而当前高等院校的大学语文教师一般都是中文专业,大学语文教师要具备一定的管理、经济、政治、生物学等专业的相关知识,有以下三种方法:①教师要根据自己的兴趣特点,有选择地钻研和学习管理、经济、政治、生物、艺术等专业的相关知识。②充分发挥大学语文教研室的作用,积极开展教研活动,可以通过集体备课,发挥集体智慧,共同研讨教学中可能出现的问题,实现教学资源共享。③高等院校管理者要高度重视,可以经常组织大学语文教师参加相关的专业培训,或者聘请校内外不同专业领域里成绩突出、造诣深厚的学者、专家来校开设专题讲座,这样有利于教师开阔视野、拓展教学思路。

通过以上一些具体措施的实施,以此来丰富高等院校大学语文教师的非中文知识结构体系,使他们在大学语文实际教学中能更好地激发学生的学习兴趣,做到大学语文课程为非中文专业服务,有利于不同专业的学生挖掘大学语文文本中的非中文专业知识,以此加强学科间、专业间的融合,进一步促进知识的整合运用。

四、大学语文师资队伍要拥有良好的文学素养

(一)语文教师的文学素养

1. 语文教师的诗性气质

诗性气质是指在欣赏文学作品的时候要有敏感的心灵。一个只会讲现成答案的语文教师是不合格的,其缺点是只能做固有观点的传声筒,不敢也不能引领学生在文学的浩瀚海洋里自由遨游。从这个意义上讲,语文教学对教师的遴选要求是很高的。

文学是人学,非读文学无以深刻地理解人生。语文教师是学生文学的引路人,学生对文学的感觉、兴趣、爱好甚至迷恋与语文教师关系密切。语文教师理应有一颗善感的心、细腻的情感,能够感知和体悟文学的高妙,能够戚戚然于人生的苦乐,将诗意和远方灌注于学生的心灵,从而引领学生走上一条充满诗意的人生路。中国学生发展核心素养课题组指出,核心素养是中国学生应具备的、能够适应终身发展和社会发展需要的必备品格和关键能力。对文学的爱好,正是学生终身发展所必需的品格。语文教师如果不能培养起学生对文学的爱好,甚至反而增加了学生对文学的厌烦和畏难情绪,那将是一大悲哀。

2. 语文教师的文学理论修养

语文教师仅知道一部文学作品好在哪里是远远不够的,其必须知道为什么好,即必须由感性认识上升到理性认识,这个过程文学理论修养的重要性就充分体现出来。文学理论修养是对语文教师提出的更高要求,它要求语文教师不仅仅是文学作品的欣赏者,还应该是文学作品的分析者、研

究者和评论者。文学欣赏主要是围绕文本的内容和形式在文本之内进行的,而文学评论则需要由文本延伸到社会、生活、人生、文学史、文学思潮等文本之外的因素来考量。这样,一个文学评论者的文学理论修养就应该包括社会生活阅历、历史知识涵存、文学理论资源等诸多方面。这样的语文教师就不再仅仅是一个教书匠,而将一步步变成一个教育家。

文学作品是精神产品,优秀的文学作品绝不仅仅只有一种解读方法,只有教师多掌握几种理论武器,才能在教学过程中开阔学生的思路,深化学生的认知,令学生的思想变得丰富而深刻。

3. 语文教师的人文素养

文学即人学,人文主义是优秀文学永恒的主题。语文教师不只是教书匠,其是先进文明的传播者,同时也是愚昧、野蛮思想的抵制者和批判者。一个人若没有基本的人文素养,便无法谈文学,更不能做一名合格的语文教师。

总之,一名优秀的语文教师需要具有多方面的素养和才能,如写作能力、朗诵能力、演说能力、幽默气质等,然而,在这些众多的素养中,文学素养才是居于核心地位的素养,文学素养的高低决定着语文教师受欢迎的程度和语文课所能达到的高度。文学素养是语文教师之所以成为语文教师的关键。

(二)加强大学语文教师教学评估,组建新型师资队伍

1. 重视教师教学质量评估

当前我国高校大学语文的教学质量堪忧。教师擅长领域不同、教学能力有高有低,造成整体教学质量不高。因此高校应加强对大学语文教师的教学结果评估,监测其课堂教学情况、学生课堂反馈情况,从而对教师教学进行建议或调整。高校应减少盲目安排高水平的艺术家或教授来教学大学语文,术业有专攻,教师的教学能力应是更加重要的方面,否则高水平人才无用武之地,反而教师和学生都感觉挫败。其实大学语文涉猎较广,但离不开对文学作品的欣赏与感悟,因此高校应聘请较为专业且教学能力突出的人才来教授大学语文这门课程。如若安排了教学能力较弱的专家进行教授,高校更要格外注意其教学质量,另外可以设立专门团队对其进行针对性培训,帮助其提高教学能力,充分发挥优秀人才的作用。在对大学语文教学质量评估时应减少记忆性内容的考察,更加注重学生是否掌握了体会文学魅力的能力,具备欣赏优秀文学作品的素养。

2. 构建多主体、全方面、个性化的教师培训机制

学校本身就是社会的组成部分,而不是独立于社会之外的孤岛。教师培养需要解决的重要问题就是上级下级联通和校内校外联动。高校教师培训不能局限于课堂上、校园内,应积极鼓励教师走出去,以及高校引进来,如其他高校、组织的优秀人才、先进理念与研究成果等。教师培训的主体应该是多样的,如政府组织、学校组织、自发组织、社会组织等要连成一线,互联互通,形成贯穿的教师培训链条,并因地制宜制定培训计划,做好教师文学素养、教学能力、教学成果的考核工作。教师思维模式上的转变是首要的,要想自然而然地提高大学语文教师对学生文学素养的重视,就需要进行全方位的培训与熏陶。教学上,大学语文教师的教学内容、教学方法、教学理念、教学风格都需要进行改造。教师的教学风格各不相同,因此在进行培养时要提出个性化,发现不同类型教师面临的困境,有针对性地进行指导培训。教学成果最能够反映教师对提高学生文学素养的理解。教师是否在语文教学中帮助学生深入探讨文学的内涵,细细品味文学的美妙滋味,都可以在教学成果中展现出来。大学语文教师的培养主体不只是高校,应是政府、高校、个人三位一体,培养内容也不只是教学方面的能力,而是素养与能力两手抓,培养方式不是统一标准的,而是富有个性、具有针对性、因人而异的,形成上下贯通,多主体、全方面、个性化的教师跨界培养机制。

第五节 创新课堂效果的评估方式

一、课堂评估方式概述

课堂评估是教学过程中必不可少的一部分,它是指对学生在课堂.上的表现进行评估,并根据评估结果来调整教学策略,以达到更好的教学效果。下面将介绍几种常见的课堂评估方式。

(一)口头提问

口头提问是最常见的课堂评估方式之一,它可以检测学生对知识点的掌握情况,并促进学生思考和交流。教师可以随机提问学生,或者安排小

组讨论,鼓励学生积极参与。

(二)小组讨论

小组讨论是通过组织学生进行讨论来评估学生的表现。这种评估方式可以促进学生之间的交流和合作,培养学生的团队合作精神。教师可以通过观察学生的讨论过程和结果来评估学生的表现。

(三)作业评估

作业评估是通过对学生的作业进行评估来了解学生的学习情况。这种评估方式可以检测学生对知识点的掌握情况,并且可以帮助学生发现自己的问题,及时进行调整。

(四)考试评估

考试评估是通过对学生的考试成绩进行评估来了解学生的学习情况。这种评估方式可以全面地检测学生对知识点的掌握程度,并且可以帮助学生在考试中发现自己的问题。

(五)课堂观察

课堂观察是教师通过观察学生在课堂上的表现来评估学生的学习情况。这种评估方式可以全面地了解学生的学习情况,包括学习态度、学习效果等方面。

(六)学生互评

互评是通过学生之间相互评价来了解彼此的学习情况。这种评估方式可以促进学生之间的交流和合作,培养学生的团队合作精神。

(七)表演评估

表演评估是通过学生的表演来评估学生的学习情况。这种评估方式可以检测学生的综合能力,包括语言表达能力、演技能力等方面。

总之,课堂评估方式多种多样,教师可以根据不同的教学目的和学生的特点来选择合适的评估方式。评估的目的是了解学生的学习情况,以便更好地调整教学策略,提高教学效果。同时,评估也是一种激励,可以激发学生的学习动力,提高学生的学习兴趣。

二、教学评价及传统教学评价方式存在的问题

(一)教学评价概述

教学评价是对课堂教学过程和结果进行评判的活动,教学评价一般包括对教师的评价、对学生的评价、对教学目标达成度的评价、对教学内容的评价、对教学方法手段的评价、对教学环境的评价、对教学管理的评价等。通常所说的教学评价主要是指对教师教学情况和学生学习效果的评价。

根据教学评价,教师可以获得教学反馈,诊断教学质量和水平、成效和缺陷,并根据教学中存在的不足,寻找原因,调整教学目标,修订教学计划,创新教学手段,改进教学方法,促进教学质量的提升。学生可以根据师生的评价,发现自己的闪光点,调动学习积极性,激发学习斗志,形成争先创优的良好局面,还可以发现自己在学习习惯、学习方法和学习策略等方面的不足,通过学生与学生之间的横向对比,认识到自身的差距,改进学习状态,转变学习方式,提高学习成效。

(二)传统教学评价方式存在的问题

1. 评价方式单一

传统的大学语文教学评价大多根据考试成绩进行评判,这种教学评价更多注重的是结果性评价,往往忽略学生的发展性特征和评价的过程性特点。学生的学习成绩固然重要,但学生的学习习惯、自主学习的能力、团队合作的能力、素质养成的情况等往往更能反映一个学生的综合素质和水平。

2. 评价主体单一

传统的大学语文教学评价以任课教师一人的评价为主,在大学校园中甚至出现讨好教师以获得高分的不良现象。教师只看得到学生在课堂上的表现,看不到学生课下的表现,这种教师的"单向"评价结果难免会出现偏颇。不能客观公正地评价,就不能很好地激发学生学习的积极性。

3. 评价内容片面

传统的大学语文教学评价大多针对学生对知识的掌握程度进行评价,很少涉及学生的学习习惯、学习态度、学习方法等方面的内容,往往会抹杀掉学生的创造性思维及个性特点,不利于促进学生的全面发展。

4. 评价比例不合理

为了体现评价的过程性特点,部分高校大学语文最终成绩由平时成绩的40%和卷面成绩的60%构成,但平时成绩的考核内容和每项内容所占的比例缺乏明确的规定。平时成绩全靠教师课堂手工记载,不仅耗时耗力,还会出现主观臆断、记载遗漏等问题。

三、应用过程性评价

在教育评价改革深入发展的过程中,教学评价从聚焦知识与技能的测试文化转向聚焦学生核心素养的评价文化,从重视结果的评价范式转向重视过程的评价范式。在教学评价发生如此转变之际,学者、专家提出"教—学—评"一体化。"教—学—评"一体化是指在整个教学系统中,教学目标、教师的教、学生的学、教学评价协调配合。其中,教学目标是教师教、学生学和教学评价的依据。教学评价贯穿教师教、学生学的始终,助推教学目标落地。由此可见,"评"是"教"和"学"之间的桥梁。"教—学—评"一体化中的教学评价以过程性评价为主,重在发挥"教""学"间的桥梁作用,推动教学目标落地。

(一)过程性评价概述

1. 过程性评价的界定

尽管国内外学术界早已对过程性评价进行研究,但是到目前为止尚未形成统一的观点。如张曙光教授认为,过程性评价是在学生学习的过程中,了解学生的各种学习信息,并进行即时、动态解释,帮助学生调整学习策略、优化学习过程,从而实现学习增值的活动[①]。高凌彪教授认为,过程性评价是一种既关注学生学习过程又关注学生学习结果的评价内容多样、评价主体多元、评价方法多样的学业评价方式[②]。从现有研究成果可见,过程性评价是一种关注学生学习的评价方式,因此可以将过程性评价界定为一种依据一定的教学目标制定评价标准,以学生的学习过程为依托,以学生的学习表现为依据,应用多样的评价方法对学生不同方面的表现进行价值判断的活动。

[①]盛鸿彪. 语文课堂教学过程性评价的设计原则、向度与实践路径[J]. 教育与装备研究,2022,38(06):37-42.
[②]黄立宇. 目标导向理论指导下的教学测量与评价[J]. 教育界,2020(24):9-10.

2. 过程性评价的注意事项

(1)注重学生个性

高等教育应让每个学生都获得发展。在生活环境、家庭教育等因素的影响下,学生之间存在明显的差异。因此,过程性评价应注重学生的个性,重在推动学生的个性发展。

(2)评价主体多元化

过程性评价是实现教学目标的助力。过程性评价结果是否公正、有效,在一定程度上决定了教学目标的实现情况。评价主体的单一很容易导致评价结果具有主观性,脱离学生的实际情况,不利于达到教学目标。因此,参与过程性评价的主体不能仅有教师,还应有学生、家长,以确保评价结果具有客观性。

(3)评价方式多样化

评价方式是影响评价结果及教学目标实现情况的关键因素。过程性评价方式较丰富,如课堂观察、小组分享、对话交流、学习反思、随堂练习、课本剧表演、汇报展示等。通过应用多样的评价方式,教师可以从不同层面了解学生的学习情况,有针对性地给予指导,促使学生逐步达到学习目标。

(4)评价结果合理利用

评价结果是对学生学习表现的反馈。在评价结果的作用下,学生可以了解自身的具体情况,有针对性地调整学习计划、学习方式、学习过程等,最大限度地实现学习目标。所以,教师要善用过程性评价结果。

(二)过程性评价在大学语文教学中的应用探索

1. 树立过程性评价理念

根据大学语文的学科性质,授课教师应当全面认识过程性评价的科学内涵,如科学、客观地量化平时成绩,让平时成绩更好地体现过程性和动态性,更能反映学生的人文修养。同时,要高度重视学生的学习过程,将学生当前的学习成果和以前的学习成果进行比较,发现学生学习的亮点,给予肯定性评价并提出进一步学习的建议。当然,对待每个学生,要因人而异,不能"一刀切"地采用统一标准,而是根据大学生语文基本功、心理认知程度等建立个性化的标准,让教学考核评价更能以学生为中心,凸显大学语文的人文关怀。如对语文基本功有待提高的大学生,主要考核语言水平,侧重文学作品鉴赏能力、语文写作能力等的考核。对语文基本功较好的学生，主要侧重文学作品创作、文化情感、思想情操寄托等思想性内容的考核，引导其成为德才兼备的大学生。过程性评价虽然能够考察大学生的表现，跟踪大学生的进步，但教师的工作量相应增加，需要教师增强教学责任感，提升工作强度，按照过程性评价的方法增强与学生的互动，帮助大学生重组、建构和更新语文能力，提升自身思想品质和道德情操。

2. 优化大学语文课程目标

教学考核建立在一定的教学目标上，简言之考核是围绕培养目标进行考核。过程性评价虽然注重过程的考核，但不能脱离一定的教学目标，而是在过程性评价中实现教学目标，让过程与目标完美统一。高凌飚指出"过程性评价应采取目标与过程并重的价值取向，对学习的动机、过程以及与学习密切相关的非智力因素进行全面评价"①。大学语文作为通识课，其学科属性众说纷纭，教学目标不尽相同，涌现出"价值说""文学说""工具说"和"综合说"等观点。有的学者认为"大学语文"姓"语"，有的则把大学语文看成人文思想课②。我们应当整体性看待大学语文的教学目标，将工具性、人文性、审美性和启发性结合起来。大学语文要实现三个方面的教学目标，即文学作品鉴赏、实用语文写作以及文化接受和传承。大学语文作为高校各专业必修的公共基础课，其最重要的价值是培养大学生高尚的情操、浩然正气、理想追求、对生命的热爱等。因此，大学语文课程的过程性评价不仅是注重语文知识点、文学鉴赏和实用写作能力，更重要的是关注学生情感态度与价值观的全面发展。同时，要更加重视大学语文精神层面和文化气质的传承，增强其在教学评价中的比重，以便更好地完成教学目标。

3. 创新大学语文课程的评价方法

将大学语文考核方式改革为综合考核，考核成绩由平时成绩与期末考试成绩组成。其中，平时成绩主要以过程性考核为主，占总成绩的30%，包括考勤5%、课堂讨论发言30%、作业30%、参加课外活动情况35%等；期末考试即终结性考核，占总成绩的70%。

①高凌飚. 关于过程性评价的思考[J]. 课程. 教材. 教法,2004(10):15-19.
②储冬叶,张云云,陶婷. 大学语文课程思政的理论思考与现实路径[J]. 语文教学通讯·D刊(学术刊),2021(07):9-11.

一方面,在教学过程中,综合运用多种方式来考查学生的学习表现,如课前5分钟演讲、实践活动(诗词大赛、经典诵读)、辩论赛、翻转课堂等形式,将考核任务分解到教学的各个过程,以便更加全面地测评学生的学习效果。如根据《生命的意义》设置"如何看待生命"的考核话题,要求学生结合生活开展主题演讲或主题辩论,让学生畅所欲言各抒己见,或在课后进行作文写作,通过课文论述带领学生理解掌握生命的本质和意义,帮助他们主动学会如何尊重生命和敬畏生命。另一方面,保留了课堂教学内容的考核,以开卷形式进行,但题目灵活宽泛,理解多元化,给学生以较大发挥的空间。在教学中,随时安排学生选取一些相关文学作品进行阅读,到终结性考核时,要求学生以论文形式提交对所读作品的理解与感悟,并采取力求避免"标准答案"的考核方法,更多采用"非标准答案"的开放性评价。在考核中,只要学生在文学作品赏析时能够流露真实情感,在没有偏离原意的情况下能够自圆其说,就给予积极评价。

4. 采用多主体评价

过程性评价的指标丰富,评价主体要多元化,才能更好地实现评价效果。首先,要发挥出教师的评价作用。通过专业的语文知识体系、科学的评价方法,对大学生的学习过程和结果做出客观评价。教师应当为每个大学生建立大学语文学习档案,通过与过去的比较来发现学生学习的进步。在教学评价中,教师要对自己的教学有一个基本的诊断,及时进行教学改进。如在大学语文课程思政教学时进行调查,听取同事建议,及时改进课程思政融入方法。其次,要引导学生自评。教师可以制定语文学习自评量表,让学生对每节课、每周、每月的学习进行自我评价,对学习不足的进行强化学习。最后,广泛采用学生互评。通过结对、小组合作等方式,进行交叉评价,这样有助于大学生之间相互激励,共同进步。但是多主体评价需要解决评价主体的评价能力问题,否则评价缺乏专业度,评价的效果未必理想。因此,教师也要对学生自评和互评进行点评,提供评价范例,帮助学生优化自评和互评。此外,教师要加强评价结果的统合能力,对教师评价、学生自评、学生互评等评价结果进行整合,全面客观地运用评价结果改进教学,指导学生进一步地学习。如在教授《断魂枪》一课时,教师可以要求学生在课前完成《断魂枪》剧本写作,通过课堂现场演绎,让学生们亲身体验人物角色,从而更深入地体会人物感情与作者写作意图。为了更加综合全面地评价学生,本着"学生是学习主体"的理念,主动运用多主体评价方式,对学生的文字能力、言语表达、对问题的理解与分析及团队合作等方面会有全面的考核,更有助于学生成为富有文学素养和创新精神的大学生。多主体评价方式量表见表5-1。

表5-1 多主体评价方式量表

评价维度	课程阶段	评价内容	评价主体
过程性评价	课前学习	学习行为 学习成效	教师
	课中学习	课堂参与 团队学习 学习成效	教师/自我/同伴
	课后学习	课后作业 总结反思	教师

四、加强对学生的正向评价

学生是拥有独立感知能力的认知个体,能敏锐地察觉到教师的教学风格和性格情绪,其中也包括教师对学生整体和具体某个学生的喜爱与否、喜爱程度如何。教师对学生的认识和评价,无论正向与负面,都容易被学生所感知,影响其学习心情和兴趣。正向的评价能激励人、鼓舞人,负面的评价会使人陷入情绪低谷、产生畏惧心理,久而久之成为问题学生,厌恶学习。一个对学生持正向评价的教师,往往能发现学生身上的闪光点,对学生寄予期望和关怀。学生在感受到教师的期望后,会产生对教师、对学习的某种特定心理环境,不忍让其失望,学习自信心倍增,荣誉感增强,最终反映到自我提高和成绩提升上。

在大学语文教学中,部分教师对学生的评价处于中等偏下水平,期望值不高。一些教师缺少与学生的互动交流,讲课时眼里只有授课任务与工作,没有对学生的期望和关怀。一谈起课堂教学问题,教师的第一想法是从学生身上找原因,而忽略了自己作为教师这关键一环,是否对学生持关怀的态度和欣赏的眼光。

首先,大学语文教师要摆正固有观念,找准个人定位,对于基础和习惯较差的学生,一味强化差而不去发现好只会让学生产生挫败情绪和无所谓态度。教师需要调整心态,打起教学斗志,转消极思维评价模式为正向思维评价模式。其次,要在分析学生学情的客观事实基础上,做出积极的期望和正向的评价,教师的期望目标既要符合学生已有的发展水平,又要做适当的难度提升,给学生发展潜力和空间。最后,积极的期望与正向的评价不等于口头上的空洞说教,而是寓于教学过程中,是为帮助学生学会学习和完成教学目标而存在的。因此,要对教学目标和期望目标进行细致分析和针对性运用,对于学困生需要更加细心,让其拥有学习成就感。如在学习某个知识点时对学生寄予期望、进行正向评价,实现师生之间的知识碰撞和情感交流。教师既履行教学职责,又倾注真诚情感,才能让学生感受到语文学习的乐趣。

参考文献
REFERENCES

[1]蔡爱芳.课程思政融入文学类通识教育课程的实践与探索[J].河南教育(高等教育),2021(01):35-37.

[2]曹媛媛.基于和谐导生关系的研究生导师立德树人职责落实机制构建[D].武汉:华中农业大学,2022.

[3]储冬叶,张云云,陶婷.大学语文课程思政的理论思考与现实路径[J].语文教学通讯·D刊(学术刊),2021(07):9-11.

[4]高凌飚.关于过程性评价的思考[J].课程.教材.教法,2004(10):15-19.

[5]何克抗.从Blending Learning看教育技术理论的新发展[J].国家教育行政学院学报,2005(09):37-48+79.

[6]何立明.大学语文是一门安静的课[J].语文教学通讯·D刊(学术刊),2012(04):5-7.

[7]胡达仁,肖丙珍.文化自信视阈下大学语文语用素养的提升[J].文学教育(上),2022(10):106-108.

[8]黄立宇.目标导向理论指导下的教学测量与评价[J].教育界,2020(24):9-10.

[9]靳健.现代语文教育学[M].兰州:甘肃教育出版社,2011.

[10][美]卡尔·罗杰斯,杰罗姆·弗赖伯格.自由学习 第3版[M].王烨晖,译.北京:人民邮电出版社,2015.

[11][芬兰]莱恩·考斯基马.数字文学从文本到超文本及其超越[M].单小曦,译.桂林:广西师范大学出版社,2011.

[12]李卉婷.建构主义知识观下教师话语权力的反思与重构[D].金华:

浙江师范大学,2016.

[13]李君.大学语文教材研究1978-2008[M].哈尔滨:黑龙江大学出版社,2012.

[14]李小慧.浅析大学语文在教学实践中的困境及策略[J].汉字文化,2021(11):30-31.

[15]李雪.基于微课的翻转课堂在大学语文教学中的研究[J].江西电力职业技术学院学报,2021,34(05):22-23.

[16]李振峰.先秦文学经典阅读在大学语文教育改革中的意义[J].湖南科技学院学报,2017,38(12):27-28.

[17]刘延福.理工院校大学语文师资队伍建设的策略[J].宁波教育学院学报,2011,13(05):61-64.

[18]毛泽东.毛泽东选集 第2卷[M].北京:人民出版社,2007.

[19]沈德海,寿思华,钟瑞添等.广西社科界学习习近平《在哲学社会科学工作座谈会上的讲话》座谈会观点摘编(上)[J].改革与战略,2016,32(06):1-8.

[20]盛鸿彪.语文课堂教学过程性评价的设计原则、向度与实践路径[J].教育与装备研究,2022,38(06):37-42.

[21][美]斯蒂芬·D.布鲁克菲尔德.批判性思维教与学帮助学生质疑假设的方法和工具[M].钮跃增,译.北京:中国人民大学出版社,2017.

[22]陶莹莹.新时代背景下大学生心理健康特点探析[J].才智,2023(06):150-152.

[23]童庆炳.文学独特审美场域与文学人口——与文学终结论者对话[J].文艺争鸣,2005(03):69-74.

[24]王黎芳.浅谈辅导员在医学生人文素养教育中的作用[J].科教文汇(上旬刊),2013(25):35+39.

[25]王群,陆澄,朱米天等.中华朗诵 4[M].上海:复旦大学出版社,2015.

[26]温静,童旭旭."互联网+"时代高校校园文学发展困境及解决路径——以河北省高等院校为例[J].河北经贸大学学报(综合版),2020,20

（03）：36-39+85.

[27]吴淼.兴趣引导法对高校普修毽球课学生学习效果的影响[D].新乡：河南师范大学，2022.

[28]吴政家.心有独钟：陈洪《大学语文》——《大学语文》教材遴选之我见[J].学理论，2014（23）：194-196.

[29]习近平.在中国文联十大、中国作协九大开幕式上的讲话[M].北京：人民出版社，2016.

[30]夏中义，方克强.大学新语文导读[M].北京：北京大学出版社，2006.

[31]谢爱华，张栋贤.论高校学生文学素养教育的现状和途径[J].语文建设，2013（09）：70-71.

[32]熊文娟.试论"反"文学史命题——"没有'当代文学'，何来'现代文学'？"[J].文教资料，2010（09）：4-5.

[33]徐伟."大学语文"课程线上线下混合式教学模式探析[J].教育教学论坛，2022（50）：149-152.

[34]杨燕华.器化教育、手机阅读与大学生文学素养培育[J].上海师范大学学报（哲学社会科学版），2015，44（06）：73-78.

[35]姚艳.传统文化在大学语文课堂教学中的应用[J].学周刊，2022（16）：3-5.

[36][美]约翰·杜威.我们如何思维[M].伍中友，译.北京：新华出版社，2015.

[37]张介明.比较大学语文[M].上海：立信会计出版社，2006.

[38]张奎明.建构主义视域下的教师专业发展研究[M].北京：北京师范大学出版社，2017.

[39]赵一凡，张中载，李德恩等.西方文论关键词[M].北京：外语教学与研究出版社，2006.

[40]中共中央文献研究室.习近平关于社会主义文化建设论述摘编[M].北京：中央文献出版社，2017.

[41]周寻.加强文学教育提高大学生文学素养[J].中国大学教学，2015（12）：86-88.